人民币国际化报告（2023）

RMB INTERNATIONALIZATION REPORT（2023）

责任编辑：黄海清　童祎薇
责任校对：李俊英
责任印制：丁淮宾

图书在版编目（CIP）数据

人民币国际化报告. 2023/中国人民银行编. —北京：中国金融出版社，2024.3
ISBN 978－7－5220－2337－3

Ⅰ.①人…　Ⅱ.①中…　Ⅲ.①人民币—金融国际化—研究报告—2023　Ⅳ.①F822

中国国家版本馆CIP数据核字（2024）第047763号

人民币国际化报告（2023）
RENMINBI GUOJIHUA BAOGAO（2023）

出版
发行　中国金融出版社

社址　北京市丰台区益泽路2号
市场开发部　（010）66024766，63805472，63439533（传真）
网上书店　www.cfph.cn
　　　　　（010）66024766，63372837（传真）
读者服务部　（010）66070833，62568380
邮编　100071
经销　新华书店
印刷　河北松源印刷有限公司
尺寸　210毫米×285毫米
印张　9.5
字数　175千
版次　2023年3月第1版
印次　2023年3月第1次印刷
定价　58.00元
ISBN 978－7－5220－2337－3
如出现印装错误本社负责调换　联系电话（010）63263947

目 录

专　栏

图

表

CONTENTS

Boxs

Figures

Tables

第一部分

概　要

2022年以来，中国人民银行以习近平新时代中国特色社会主义思想为指导，认真贯彻落实党中央、国务院决策部署，坚持稳中求进工作总基调，坚持改革开放和互利共赢，统筹发展和安全，有序推进人民币国际化，服务构建新发展格局和经济高质量发展，人民币国际化稳中有进，呈现一系列新进展、新变化。

跨境人民币业务服务实体经济能力增强。跨境人民币业务制度基础更加完善，本外币政策协同强化，经营主体使用人民币跨境结算以规避货币错配风险的内生动力增强。2022年，银行代客人民币跨境收付金额合计为42.1万亿元，同比增长15.1%。其中，货物贸易人民币跨境收付金额占同期货物贸易本外币跨境收付总额的比例为18.2%。2023年1—9月，人民币跨境收付金额为38.9万亿元，同比增长24%。其中，货物贸易人民币跨境收付金额占同期货物贸易本外币跨境收付总额的比例为24.4%，同比上升7个百分点，为近年来最高水平。

人民币融资货币功能提升。境内银行境外贷款、境外机构境内债券发行等政策相继出台，人民币投融资环境持续改善。2022年末，国际清算银行（BIS）公布的人民币国际债务证券存量为1 733亿美元，排名升至第七位，同比提升两位。环球银行金融电信协会（SWIFT）数据显示，2022年末，人民币在全球贸易融资中占比为3.91%，同比上升1.9个百分点，排名第三。2023年9月，人民币在全球贸易融资中占比为5.8%，同比上升1.6个百分点，排名上升至第二。

离岸人民币市场交易更加活跃。2022年，中国人民银行与香港金融管理局（以下简称香港金管局）签署常备互换协议，并扩大资金互换规模，进一步深化内地与香港金融合作。2022年以来，先后在老挝、哈萨克斯坦、巴基斯坦、巴西新设人民币清算行，海外人民币清算网络持续优化。2022年末，主要离岸市场人民币存款余额约1.5万亿元，重回历史高位。国际清算银行2022年调查显示，近三年来人民币外汇交易在全球市场的份额由4.3%增长至7%，排名由第八位上升至第五位。

下一阶段，中国人民银行将坚持以习近平新时代中国特色社会主义思想为指导，认真贯彻落实党的二十大部署，以市场驱动、企业自主选择为基础，有序推进人民币国际化。聚焦贸易投资便利化，进一步完善人民币跨境投融资、交易结算等制度和基础设施安排，加快金融市场向制度型开放转变，构建更加友好、便利的投资环境，深化双边货币合作，支持离岸人民币市场健康发展，促进人民币在岸、离岸市场形成良性循环。同时，健全本外币一体化的跨境资金流动宏观审慎管理框架，提升开放条件下的风险防控能力，守住不发生系统性风险的底线。

第二部分

2022 年以来人民币国际使用情况

2022 年以来，人民币跨境使用延续稳步增长态势，人民币在本外币跨境收付中的占比进一步提高，收支总体平衡。

一、人民币跨境使用总体情况

2022 年，人民币跨境收付金额合计为 42.1 万亿元，同比增长 15.1%。其中，实收 20.5 万亿元，同比增长 10.9%；实付 21.6 万亿元，同比增长 19.5%；收付比为 1：1.05。2023 年 1—9 月，人民币跨境收付金额为 38.9 万亿元，同比增长 24.4%。环球银行金融电信协会数据显示，2022 年 12 月，人民币在全球支付中占比为 2.15%，2023 年 2 月以来，人民币在全球支付中占比逐月上升，2023 年 9 月升至 3.71%，排名保持第五位。

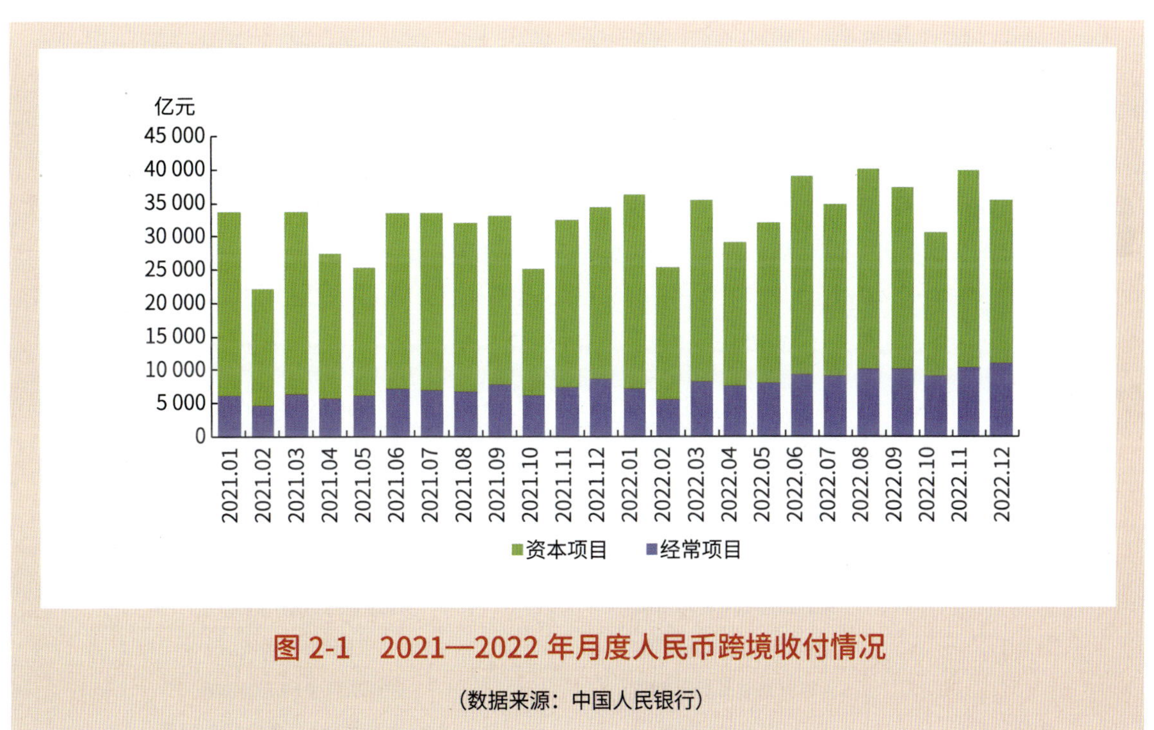

图 2-1　2021—2022 年月度人民币跨境收付情况

（数据来源：中国人民银行）

图 2-2　2010—2022 年年度人民币跨境收付情况

（数据来源：中国人民银行）

专栏一　货币国际化综合指数

为衡量人民币国际化发展程度，在参考相关货币国际化指数和国际货币基金组织（IMF）特别提款权（SDR）审查指标的基础上，中国人民银行构建了货币国际化综合指数。2022 年末，人民币国际化综合指数为 3.16，较上年上升 5.9%。同期，美元、欧元、英镑、日元等主要国际货币国际化综合指数分别为 58.3、22.18、7.73 和 5.24。2023 年第一季度末，人民币国际化综合指数为 3.26，同比上升 10.2%。同期，美元、欧元、英镑、日元等主要国际货币国际化综合指数分别为 57.68、22.27、7.66 和 5.48。

表 2-1　货币国际化综合指数指标

一级指标	二级指标	数据来源
支付货币	全球支付货币份额	环球银行金融电信协会
投资货币	国际银行业对外负债	国际清算银行、国家外汇管理局
	外汇交易市场份额	国际清算银行
	外汇即期交易使用份额	环球银行金融电信协会
	利率衍生品市场份额	国际清算银行
融资货币	全球贸易融资货币份额	环球银行金融电信协会
	国际银行业对外债权	国际清算银行、国家外汇管理局
	国际债券发行比例	国际清算银行
储备货币	全球外汇储备币种构成	国际货币基金组织

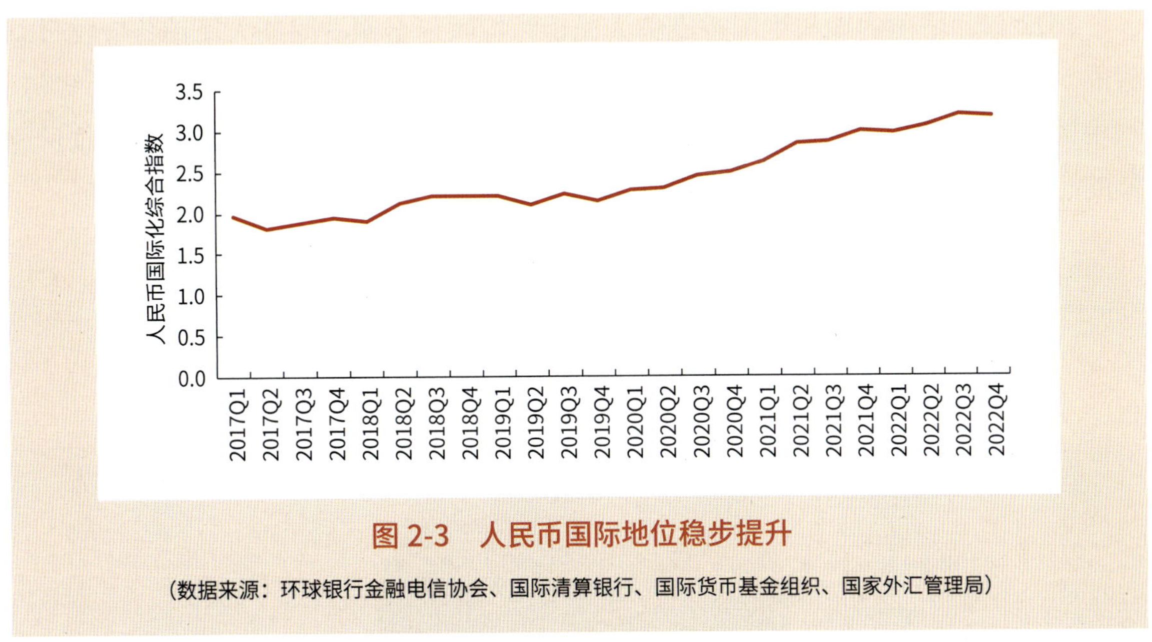

图 2-3　人民币国际地位稳步提升

（数据来源：环球银行金融电信协会、国际清算银行、国际货币基金组织、国家外汇管理局）

上海、北京、深圳人民币跨境收付金额继续位居全国前三位。2022 年，三地人民币跨境收付金额分别占全国人民币跨境收付总额的 46.4%、21.4% 和 7.8%。2022 年，全国共有 18 个省（自治区、直辖市）人民币跨境收付金额超过 2 000 亿元，8 个边境省、自治区收付金额合计为 8 816.2 亿元，同比增长 40.1%。2023 年 1—9 月，上海、北京、深圳人民币跨境收付金额分别占全国人民币跨境收付总额的 43.6%、20.9% 和 8.3%。

表 2-2　2022 年分地区人民币跨境收付情况

单位：亿元、%

序号	地区	经常项目	资本项目	合计	占比
1	上海	22 638.4	172 703.9	195 342.3	46.4
2	北京	13 674.0	76 611.3	90 285.3	21.4
3	深圳	10 967.9	21 787.8	32 755.7	7.8
4	广东	13 282.1	13 009.7	26 291.8	6.2
5	江苏	9 226.6	6 338.9	15 565.5	3.7
6	浙江	7 490.7	4 596.0	12 086.7	2.9
7	福建	1 420.9	4 576.0	5 996.9	1.4
8	山东	3 160.5	1 683.7	4 844.2	1.1
9	天津	1 902.5	1 516.6	3 419.1	0.8
10	重庆	2 769.9	490.3	3 260.2	0.8
其他		18 638.4	12 974.0	31 612.4	7.5
合计		105 171.9	316 288.2	421 460.1	100.0

数据来源：中国人民银行。

2022 年，中国内地与中国香港的人民币跨境收付金额占同期人民币跨境收付总额的 50.3%，占比最高；排名第二至第四的分别是新加坡（10.3%）、英国（5.9%）和中国澳门（4.0%）。排名前十位的国家和地区收付总额占全部跨境人民币收付总额的比例由 2021 年的 77.8% 上升至 82.6%。

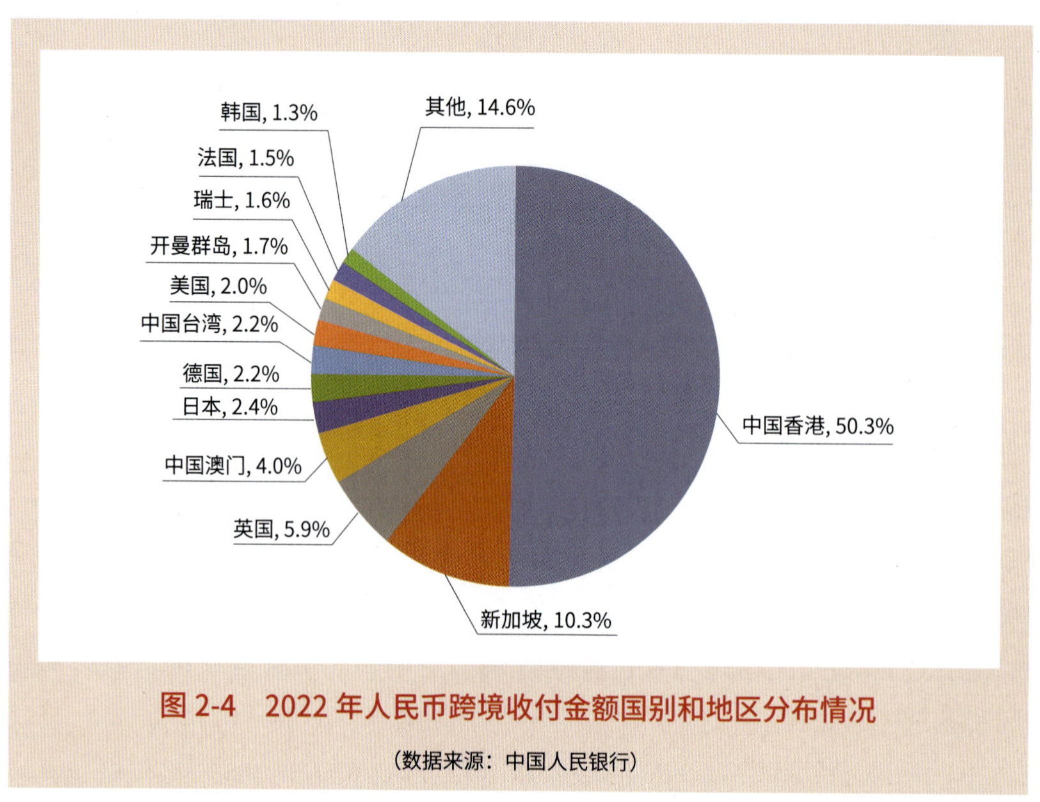

图 2-4　2022 年人民币跨境收付金额国别和地区分布情况

（数据来源：中国人民银行）

2022 年，中国与“一带一路”共建国家人民币跨境收付金额为 7.1 万亿元，同比增长 4.4%，占同期人民币跨境收付总额的 16.9%。其中，货物贸易收付金额 2.3 万亿元，同比增长 75.7%；服务贸易收付金额 2 307.5 亿元，同比增长 35.4%；直接投资收付金额 7 807.93 亿元，同比增长 13.9%。2023 年 1—9 月，中国与“一带一路”共建国家人民币跨境收付金额为 6.5 万亿元，同比增长 19%，占同期人民币跨境收付总额的 16.7%。

截至 2023 年 9 月末，中国与 30 个“一带一路”共建国家签署了双边本币互换协议，在 17 个“一带一路”共建国家建立了人民币清算安排。

二、经常项目收付情况

2022 年，经常项目人民币跨境收付金额合计为 10.5 万亿元，同比增长 32.3%，其中收入 5.5 万亿元，同比增长 53.4%，支出 5 万亿元，同比增长 14.8%。2022 年，经常项目人民币跨境收付占同期经常项目本外币跨境收付的比例为 20.7%。2023 年

1—9 月，经常项目人民币跨境收付金额合计为 10.2 万亿元，同比增长 35.3%。

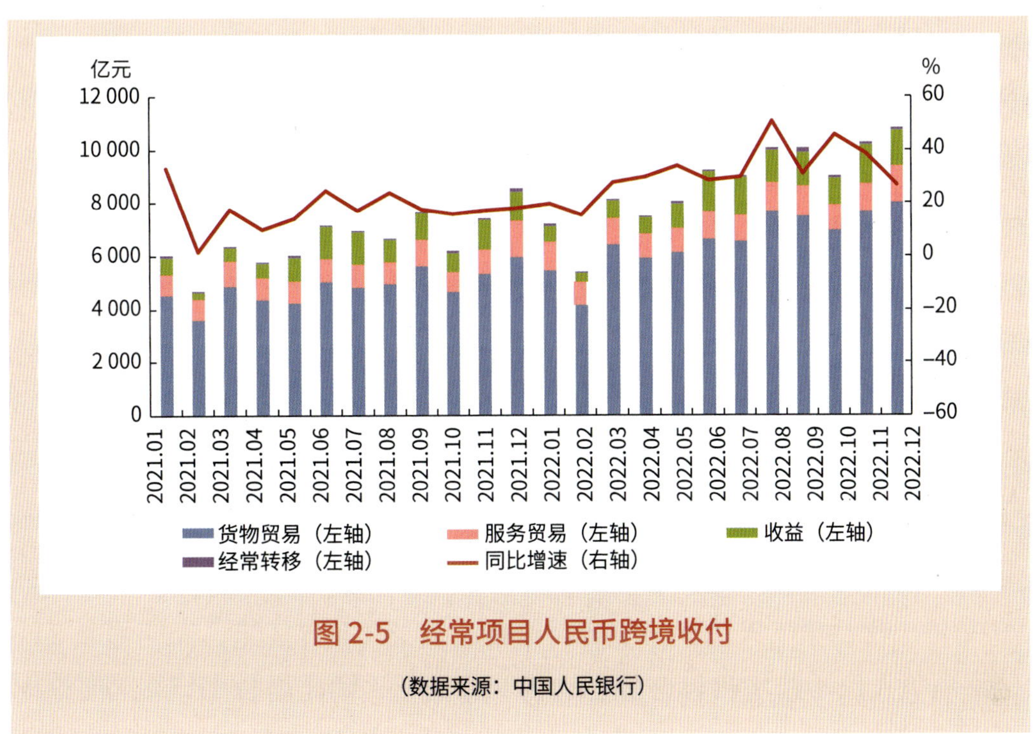

图 2-5　经常项目人民币跨境收付

（数据来源：中国人民银行）

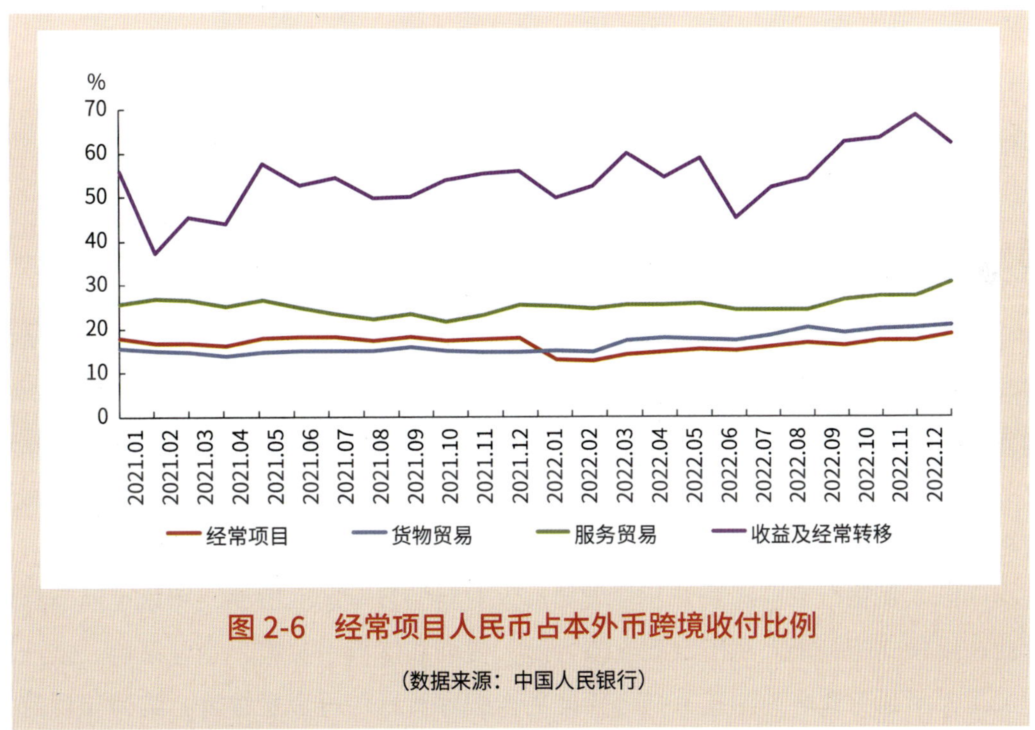

图 2-6　经常项目人民币占本外币跨境收付比例

（数据来源：中国人民银行）

（一）货物贸易

2022 年，货物贸易人民币跨境收付金额合计为 7.9 万亿元，同比增长 37.2%；

占同期货物贸易本外币跨境收付的比例为18.2%，较2021年上升3.5个百分点。其中，一般贸易人民币跨境收付金额合计为5万亿元，同比增长30.3%；进料加工人民币跨境收付金额合计为1.5万亿元，同比增长52.7%。2023年1—9月，货物贸易人民币跨境收付金额合计为7.7万亿元，同比增长36.6%；占同期货物贸易本外币跨境收付的比例为24.4%，较2022年全年提高6.2个百分点。

（二）服务贸易

2022年，服务贸易人民币跨境收付金额合计为1.2万亿元，同比增长14.8%；占同期服务贸易本外币跨境收付的比例为25.7%，较2021年上升1.4个百分点。2023年1—9月，服务贸易人民币跨境收付金额合计为1.1万亿元，同比增长24.5%；占同期服务贸易本外币跨境收付的比例为31.6%，较2022年全年提高5.9个百分点。

（三）收益及经常转移

2022年，收益项下人民币跨境收付金额合计为1.3万亿元，同比增长24.3%；经常转移项下人民币跨境收付金额合计为902亿元，同比增长17.5%。收益及经常转移人民币跨境收付占该项目同期本外币跨境收付的比例为56.8%，较2021年提高5个百分点。2023年1—9月，收益及经常转移项下人民币跨境收付金额合计为1.3万亿元，同比增长37.6%；占该项目同期本外币跨境收付的比例为65.1%，较2022年全年提高8.3个百分点。

专栏二　跨境人民币业务服务实体经济能力提高

近年来，随着中国经济发展壮大和改革开放持续深化，境内外经营主体在跨境支付结算和投融资中使用人民币的需求不断上升。中国人民银行高度重视、积极响应市场需求，以服务构建新发展格局、促进贸易和投资便利化为导向，会同商务部、国家外汇管理局等持续完善跨境贸易、投融资人民币结算等基础性制度，着力提升人民币在跨境贸易投资中的便利性，跨境人民币业务服务实体经济的能力进一步提高。

中国人民银行会同国家外汇管理局加大对新型离岸国际贸易、跨境电商等外贸新业态新模式的跨境人民币政策支持力度，便利离岸转手买卖、全球采购、委托境外加工、承包工程境外购买货物等新型离岸国际贸易跨境资金结算。支持和规范银行境外贷款业务，并通过差别化宏观审慎系数设置等体现本币优先，鼓励优先发放人民币贷款。会同国家外汇管理局扩大跨国公司本外币一体化资金池试点，进一步便利跨国公司境内外统筹使用资金。有序开展更高水平贸易投资人民币结算便利化试点，鼓励银行将更多优质企业、大型骨干外贸企业纳入便利化政策范畴。指导银行简化业务办理流程、提供优质跨境人民币金融服务，提升跨境人民币业务办理时效。2023 年 1—9 月，货物贸易中跨境人民币结算占比提高至 24.4%，较上年同期上升 7 个百分点。

下一步，中国人民银行将继续以市场驱动和企业自主选择为基础，聚焦贸易投资便利化，进一步夯实人民币跨境投融资、交易结算等基础性制度，持续提升跨境人民币业务服务实体经济能力，使人民币能用、好用，更好地支持经营主体以人民币进行跨境贸易和投资。

三、资本项目收付情况

2022 年，资本项目人民币跨境收付金额合计为 31.7 万亿元，同比增长 10.4%，其中，收入 15 万亿元，同比增长 0.5%，支出 16.7 万亿元，同比增长 21%。直接投资、证券投资、跨境融资收付金额分别占资本项目收付金额的 20.4%、74.5% 和 3.1%。2023 年 1—9 月，资本项目人民币跨境收付金额合计为 28.8 万亿元，同比增长 19.8%。

图 2-7　2021—2022 年资本项目人民币跨境收付情况

（数据来源：中国人民银行）

（一）直接投资

2022 年，直接投资人民币跨境收付金额合计为 6.5 万亿元，同比增长 11.3%。其中，对外直接投资人民币跨境收付金额 1.9 万亿元，同比增长 17%；外商直接投资人民币跨境收付金额 4.5 万亿元，同比增长 9.1%。2023 年 1—9 月，直接投资人民币跨境收付金额合计为 5.6 万亿元，同比增长 19.2%。

图 2-8　2021—2022 年直接投资人民币跨境收付月度情况

（数据来源：中国人民银行）

（二）跨境人民币资金池

截至 2022 年末，全国共设立跨境人民币资金池 3 512 个。2022 年，跨境人民币资金池跨境收付金额 4.6 万亿元，同比增长 20.8%。2023 年 1—9 月，跨境人民币资金池跨境收付金额 4.6 万亿元。

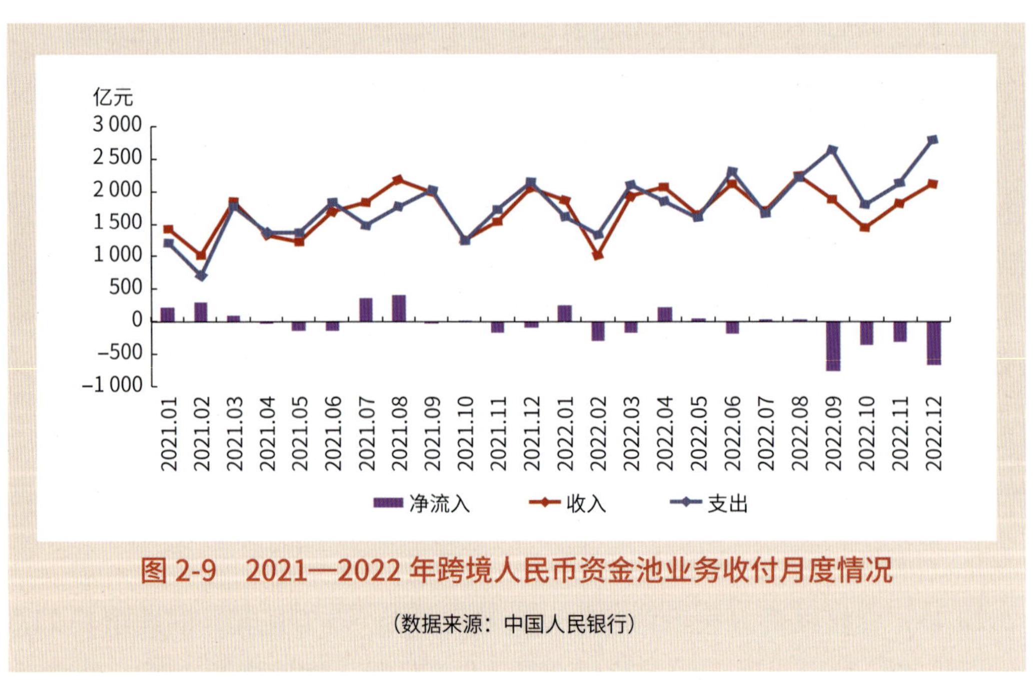

图 2-9　2021—2022 年跨境人民币资金池业务收付月度情况

（数据来源：中国人民银行）

（三）“熊猫债”

截至 2022 年末，“熊猫债”发行主体已涵盖政府类机构、国际开发机构、金融机构和非金融企业等，累计发行规模 6 308 亿元。2022 年，银行间债券市场和交易所市场发行“熊猫债”52 只，发行规模合计为 850.7 亿元。2023 年 1—9 月，银行间债券市场和交易所市场发行“熊猫债”66 只，发行规模合计为 1 182 亿元。

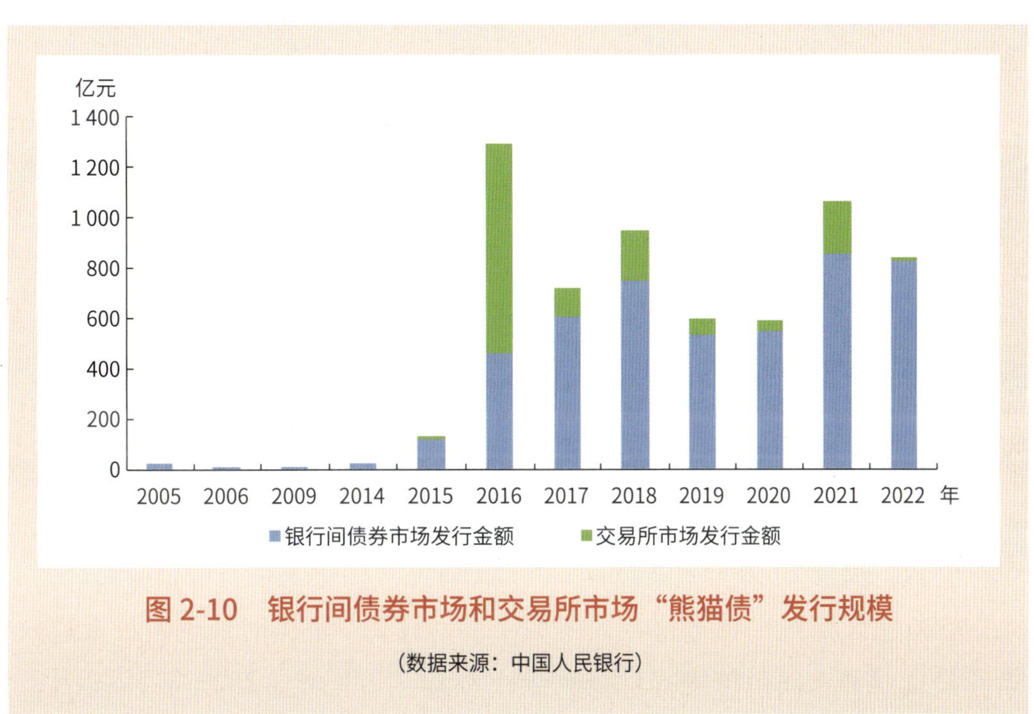

图 2-10　银行间债券市场和交易所市场“熊猫债”发行规模

（数据来源：中国人民银行）

专栏三　“熊猫债”稳步提升人民币融资货币功能

近年来，随着我国债券市场规模提升和开放水平提高，境外主体境内发债的便利性和规范性进一步优化。2022 年 12 月，中国人民银行、国家外汇管理局联合发布《关于境外机构境内发行债券资金管理有关事宜的通知》，统一了银行间债券市场和交易所债券市场“熊猫债”资金管理规则，推进本外币一体化管理，进一步提升境外主体在境内债券市场融资便利性。在主要发达经济体大幅加息的环境下，人民币融资成本相对下降。截至 2023 年 9 月末，境外主体在境内累计发行“熊猫债”454 只，累计发行规模为 7 559.2 亿元。其中，2022 年境外主体在境内发行规模为 850.7 亿元；2023 年 1—9 月境外主体在境内发行规模为 1 182 亿元，较 2022 年 1—9 月增长 56.8%。

境内“熊猫债”市场呈现以下特点：一是银行间市场为主要发行场所。2022

年，银行间债券市场发行规模为825亿元，占发行总规模的97.0%。2023年1—9月该比例为97.2%。二是非金融企业发行意愿增强。2022年，境外发行主体中非金融企业发行主体占比为80.0%。2023年1—9月延续了该趋势，占比上升至89.3%。三是发行期限以3年期及以下为主。2022年，3年期及以下债券发行规模为808.7亿元，占发行总规模的95.1%。其中，1年期及以下短期债券发行规模占比为39.8%。2023年1—9月，3年期及以下债券发行规模为1 117亿元，占发行总规模的94.5%。其中，1年期及以下短期债券发行规模占比为43.5%。

下一步，中国人民银行将进一步推动“熊猫债”市场发展，拓展我国债券市场的广度和深度，继续稳步有序推动债券市场高水平双向开放，不断优化人民币跨境投融资政策环境，服务好实体经济发展。

（四）证券投资

2022年，证券投资人民币跨境收付金额合计为23.6万亿元，同比增长10.9%。2023年1—9月，证券投资人民币跨境收付金额合计为21.6万亿元，同比增长19.7%。

债券投资。截至2022年末，共有1 071家境外机构进入银行间债券市场，其中，直接入市526家，通过“债券通”入市784家，有239家同时通过两种渠道入市。全年债券投资业务人民币跨境收付金额合计为17.7万亿元。2023年1—9月，债券投资业务人民币跨境收付金额合计为16.7万亿元。

股票投资。2022年，“沪深港通”业务人民币跨境收付金额合计为1.6万亿元。2023年1—9月，“沪深港通”业务人民币跨境收付金额合计为1.4万亿元。

合格境外机构投资者／人民币合格境外机构投资者（QFII/RQFII）。2022年，QFII/RQFII业务人民币跨境收付合计为3.6万亿元。2023年1—9月，QFII/RQFII业务人民币跨境收付合计为2.9万亿元。

“跨境理财通”。截至2022年末，参与“跨境理财通”试点的粤港澳大湾区居民超4万人次，参与试点银行共64家，“跨境理财通”收付金额合计为22.2亿元。“北向通”累计净汇入额2.9亿元，“南向通”累计净汇出额3.9亿元。2023年1—9月，“跨境理财通”收付金额合计为51.6亿元。2023年9月，中国人民银行、国家金融监督管理总局、中国证券监督管理委员会、国家外汇管理局、香港金管局、香港证券及期货事务监察委员会、澳门金融管理局决定进一步优化粤港澳大湾区“跨境理财通”业务试点，下一步将修订完善相关实施细则或业务指引，推动各项举措尽早实施。

表 2-3　境外主体持有境内人民币金融资产情况

单位：亿元

资产	2021 年 12 月	2022 年 3 月	2022 年 6 月	2022 年 9 月	2022 年 12 月
股票	39 419.9	31 860.4	35 741.6	30 285.4	31 959.9
债券	40 904.5	39 586.8	36 453.1	34 770.7	34 582.4
贷款	11 372.3	11 896.3	11 731.8	11 531.4	12 223.7
存款	16 600.2	14 719.4	16 727.3	18 535.3	17 418.2
合计	108 296.9	98 062.9	100 653.8	95 122.8	96 184.2

数据来源：中国人民银行。

（五）其他投资

2022 年，跨境融资、境外贷款等其他投资人民币跨境收付金额合计为 1.6 万亿元，同比下降0.6%。2023 年 1—9 月，其他投资人民币跨境收付金额合计为1.6万亿元，同比增长 22.9%。

四、大宗商品人民币计价结算情况

2022 年，大宗商品贸易领域人民币跨境收付保持较快增长。全年主要大宗商品贸易跨境人民币结算金额合计为 9 857.3 亿元，其中，绿色新能源金属大宗商品贸易跨境人民币结算金额合计为 1 623.6 亿元。2023 年 1—9 月，主要大宗商品贸易跨境人民币结算金额合计为 1.5 万亿元。

目前，我国已上市原油、铁矿石、精对苯二甲酸（PTA）等 23 个国际化期货和期权产品，引入境外交易者，为大宗商品交易人民币计价结算提供定价基准。上海原油期货和大连铁矿石期货成交量、持仓量快速增长，2022 年上海期货交易所原油期货总成交量 5 358.1 万手，日均成交量 22.1 万手，日均持仓量 6.9 万手，已成为仅次于美国西得克萨斯中间基原油（WTI 原油）和英国布伦特原油（Brent 原油）期货的全球第三大原油期货。大连商品交易所铁矿石期货总成交量 2.2 亿手，日均成交量 91.3 万手，日均持仓量 118.2 万手。

五、境内人民币外汇交易情况

截至 2022 年末，中国境内银行间外汇市场交易主体不断丰富。共有人民币外汇即期会员 782 家，远期、外汇掉期、货币掉期和期权会员分别有 292 家、283 家、233 家和 168 家，人民币外汇市场做市商共 25 家。

中国境内银行间外汇市场平稳运行，产品结构进一步完善。全年人民币外汇成交折合28.7万亿美元，同比减少8.3%，日均成交折合1 187.5亿美元。其中，人民币外汇即期成交折合8.3万亿美元，同比减少16.6%；人民币外汇掉期成交折合19.3万亿美元，同比减少4.9%，其中隔夜美元掉期成交折合12.6万亿美元，占掉期总成交额的65%；货币掉期成交215.8亿美元，同比减少29.1%；人民币外汇远期成交折合1 299.2亿美元，同比增长19.3%；人民币外汇期权成交9 263.9亿美元，同比增长3.7%。

2022年，人民币对非美元外币交易平稳发展，即期成交金额2.1万亿元，在银行间外汇市场即期交易中占比为3.7%，较上年小幅下降0.4个百分点。

表2-4　2022年银行间外汇即期市场人民币对各币种交易量

单位：亿元

币种	美元	欧元	日元	港元	英镑	澳大利亚元	新西兰元
交易量	542 148.4	14 395.8	2 614.8	2 352.7	362.6	318.5	95.1
币种	新加坡元	瑞士法郎	加拿大元	马来西亚林吉特	卢布	南非兰特	韩元
交易量	103.6	152.4	288.7	4.9	41.9	1.4	46.5
币种	阿联酋迪拉姆	沙特里亚尔	波兰兹罗提	丹麦克朗	瑞典克朗	挪威克朗	土耳其里拉
交易量	1.6	33.2	0.3	6.8	19.9	5.4	1.1
币种	泰铢	印度尼西亚卢比（区域交易）					
交易量	22.2	19.2					

数据来源：中国外汇交易中心。

六、人民币国际储备情况

根据国际货币基金组织数据，截至2022年末，全球央行持有的人民币储备规模为2 984亿美元，占比为2.69%，较2016年人民币刚加入SDR时提升1.62个百分点，在主要储备货币中排名第五位。据不完全统计，至少有80多个境外央行或货币当局将人民币纳入外汇储备。

七、人民币跨境现钞调运情况

2022年，受新冠疫情影响，境外人民币业务清算行及参加行人民币现钞跨境调运需求较小，人民币现钞跨境调运业务量下降。中国香港、中国澳门、中国台湾、新加坡等地人民币业务清算行跨境调运现钞金额总计46.2亿元。周边国家人民币业务参加行跨境调运人民币现钞金额总计1.5亿元。

八、人民币跨境支付系统运行情况

2022 年，人民币跨境支付系统（CIPS）运行平稳，全年共处理跨境人民币业务 440 万笔，金额 96.7 万亿元，同比分别增长 31.7% 和 21.5%；日均处理业务 17 671 笔，金额 3 883.5 亿元。截至 2022 年末，共有境内外 1 360 家机构通过直接或间接方式接入 CIPS，其中直参 77 家、间参 1 283 家。

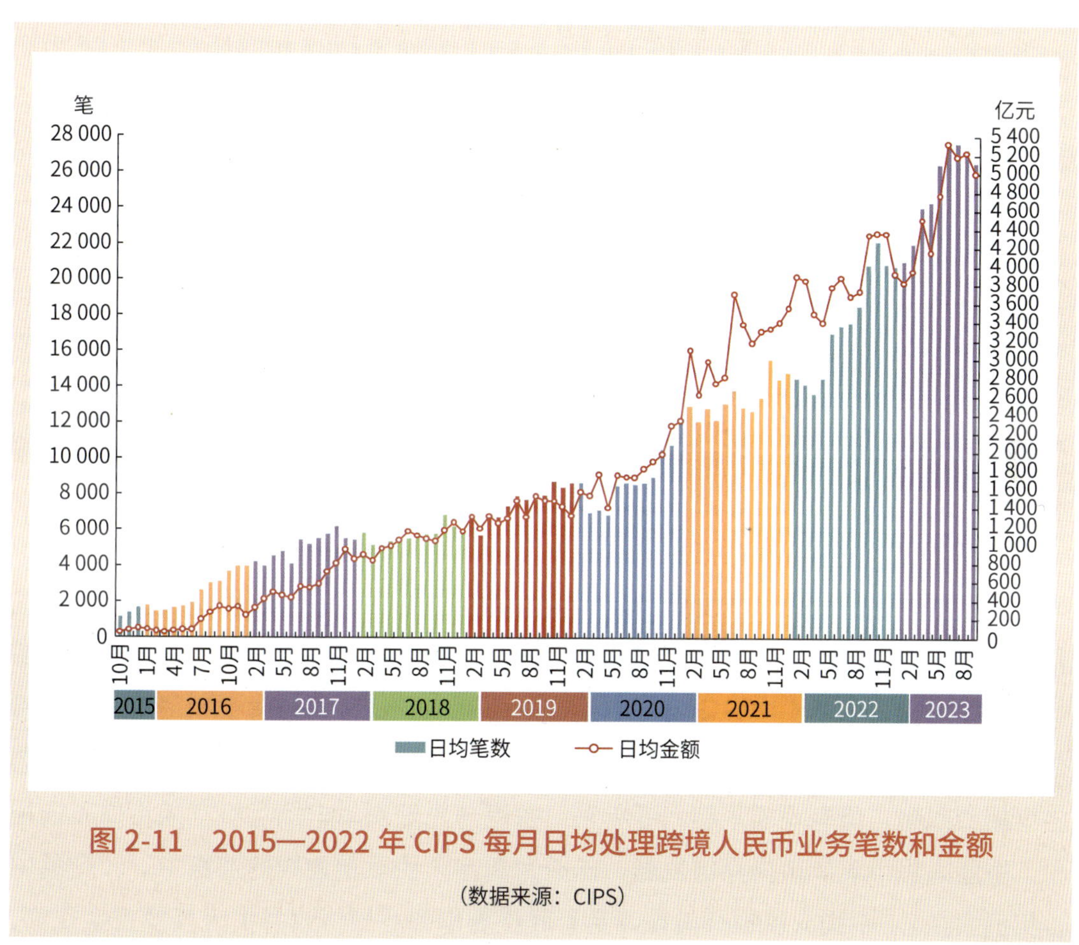

图 2-11　2015—2022 年 CIPS 每月日均处理跨境人民币业务笔数和金额

（数据来源：CIPS）

九、中央银行合作

（一）双边本币结算

自 2021 年 9 月中国印尼本币结算（LCS）合作框架启动以来，业务运行平稳，市场交易活跃。截至 2022 年末，中国印尼 LCS 合作框架下累计办理跨境人民币收付 81.9 亿元，累计完成人民币 / 印度尼西亚卢比交易 30 亿元人民币。2022 年，在银行间外汇市场挂牌的 28 个人民币对其他国家货币交易中，人民币 / 印度尼西亚卢比排名第 16 位。

（二）双边本币互换

2022 年，中国人民银行与香港金管局本币互换协议升级为常备互换安排，协议长期有效。2022 年，中国人民银行与印度尼西亚中央银行、新加坡金管局、欧洲中央银行等 7 个国家和地区的中央银行或货币当局续签双边本币互换协议。中国人民银行共与 40 个国家和地区的中央银行或货币当局签署过双边本币互换协议，截至 2023 年 10 月末，有效协议为 29 份，互换规模超过 4 万亿元人民币。互换规模不同于资金实际使用金额。截至 2023 年 9 月末，境外货币当局实际动用人民币余额 1 171 亿元。截至 2023 年 9 月末，中国人民银行实际动用外币互换资金余额折合人民币 34.3 亿元。

专栏四　中国人民银行签署首份常备互换协议

2022 年 7 月，中国人民银行与香港金管局宣布将货币互换协议升级为常备互换安排，并扩大互换规模至 8 000 亿元人民币 /9 400 亿港元。这是中国人民银行签署的第一份常备互换协议。与此前签署的双边本币互换协议不同，常备互换协议长期有效，不再需要双方定期续签，资金使用上也更加便利。

货币当局之间形成常备互换安排是国际上的成熟做法，升级常备互换也符合中国内地和中国香港金融合作发展的趋势。从国际上看，一些经济体中央银行之间设有常备互换安排。例如，美国联邦储备银行、欧洲中央银行、日本银行、英格兰银行、加拿大银行、瑞士中央银行互相设有常备互换安排，没有协议期限限制，也没有规模上限。欧洲中央银行与丹麦国家银行、瑞典银行也设有常备互换安排，没有协议期限限制，但有规模限制。近年来，香港与内地资本市场互联互通合作不断加深，香港人民币离岸市场稳健发展，已成为离岸人民币最重要的清算中心、产品中心和资金中心。中国人民银行与香港金管局签署常备互换协议并扩大互换资金规模，符合两地金融深层次合作发展的需要，也是金融市场开放发展的内在要求，可以为香港市场提供更加稳定、长期限的流动性支持，有利于稳定市场预期，增强市场内生发展动力，更好地发挥香港离岸人民币业务枢纽的功能，同时有助于巩固香港国际金融中心地位，促进香港金融业长期繁荣发展。

（三）境外清算机制安排

2022 年以来，中国人民银行不断优化人民币海外清算网络，相继授权设立老挝、哈萨克斯坦、巴基斯坦和巴西人民币清算行。截至 2023 年 9 月，中国人民银行已在 29 个国家和地区授权 31 家境外人民币清算行。

十、人民币利率和汇率变动情况

（一）利率变动情况

2022 年，境内货币市场人民币利率中枢总体先降后升，9 月达到低点后回升，2022 年末较上年同期略有下降。2022 年末，隔夜、7 天、1 个月、3 个月、6 个月和 1 年期的上海银行间同业拆放利率（SHIBOR）较上年末分别下降 172 个、48 个、85 个、78 个、82 个和 117 个基点，收于 1.96%、2.22%、2.35%、2.42%、2.51% 和 2.62%。

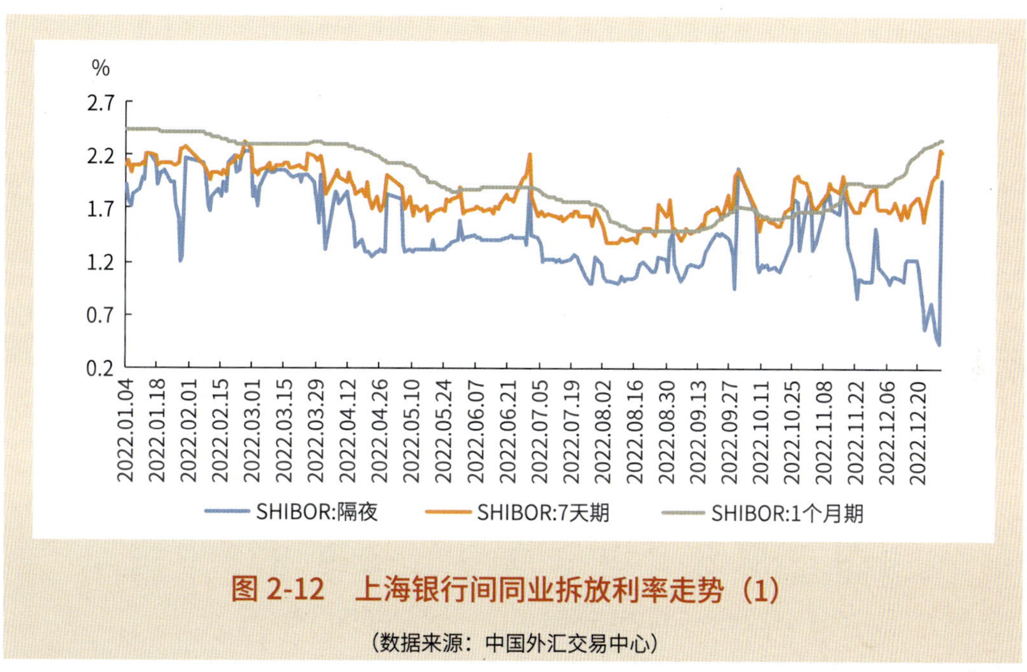

图 2-12　上海银行间同业拆放利率走势（1）

（数据来源：中国外汇交易中心）

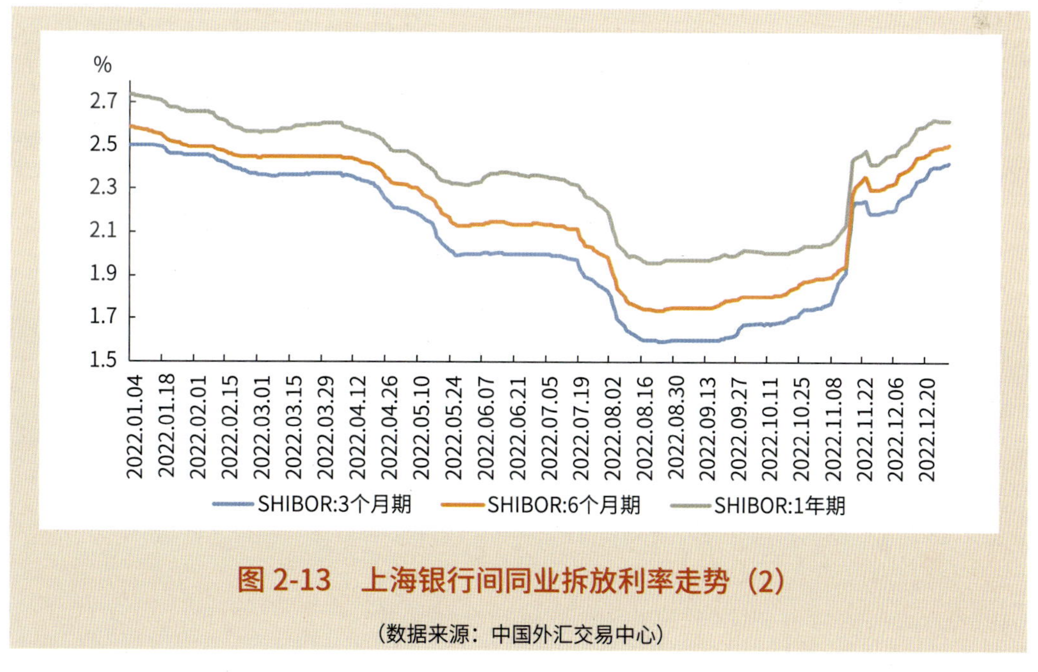

图 2-13　上海银行间同业拆放利率走势（2）

（数据来源：中国外汇交易中心）

（二）汇率变动情况

2022 年，人民币汇率以市场供求为基础，双向浮动。全年，人民币对一篮子货币汇率有所贬值。2022 年末，中国外汇交易中心（CFETS）人民币汇率指数为 98.67，较 2021 年末贬值 3.7%。人民币对国际主要货币汇率有升有贬，其中人民币对美元汇率中间价最高为6.3014，最低为7.2555。242 个交易日中，114 个交易日升值，128 个交易日贬值。最大单日升值幅度为 1.4%（1 008 点），最大单日贬值幅度为 1%（681 点）。人民币对欧元、英镑和日元的中间价分别较上年末贬值 2.7%、升值 2.5%、升值 5.8%。

图 2-14　境内人民币汇率走势

（数据来源：中国人民银行、中国外汇交易中心）

第三部分

政策及相关改革进展

2022年以来，跨境人民币业务政策框架进一步完善，更好服务实体经济，促进贸易投资便利化。金融市场双向开放程度持续提升，人民币汇率形成机制更加完善，较好地发挥了宏观经济和国际收支自动稳定器的作用。

一、优化跨境人民币业务政策

2022年1月，中国人民银行会同国家外汇管理局联合发布《关于银行业金融机构境外贷款业务有关事宜的通知》，将银行境外人民币和外汇贷款业务纳入统一管理，拓宽银行境外人民币贷款业务范围，进一步支持和规范境内银行业金融机构开展境外贷款业务。

2022年5月，中国人民银行会同商务部、国家外汇管理局发布《关于支持外经贸企业提升汇率风险管理能力的通知》，推动人民币跨境使用、支持外经贸企业规避货币错配风险，鼓励提升货物贸易项下人民币跨境收付规模和比例。

2022年6月，中国人民银行印发《关于支持外贸新业态跨境人民币结算的通知》，完善跨境电商等外贸新业态跨境人民币业务相关政策，支持外贸新业态健康持续创新发展。

2022年7月，中国人民银行会同国家外汇管理局扩大跨国公司本外币一体化资金池试点，在上海、广东、陕西、北京、浙江、深圳、青岛、宁波等地开展第二批跨国公司本外币一体化资金池试点，进一步便利跨国公司境内外统筹使用资金。

2023年1月，中国人民银行会同商务部发布《关于进一步支持外经贸企业扩大人民币跨境使用 促进贸易投资便利化的通知》，进一步便利跨境贸易投资人民币使用，更好满足外经贸企业交易结算、投融资、风险管理等市场需求。

2023年5月，中国人民银行会同国家外汇管理局决定在北京、广东、深圳开展试点，优化升级跨国公司本外币跨境资金集中运营管理政策，增加企业跨境资金运营自由度。

专栏五　贸易新业态跨境人民币结算政策进一步完善

新业态新模式是我国外贸发展的有生力量，也是国际贸易发展的重要趋势。为贯彻落实国务院办公厅《关于加快发展外贸新业态新模式的意见》，支持外贸新业态跨境人民币结算持续健康发展，中国人民银行出台《关于支持外贸新业态跨境人民币结算的通知》，引导银行和相关机构更好满足外贸新业态经营主体配套金融服务需求。

一是将支付机构业务办理范围由货物贸易、服务贸易拓宽至经常项下，加大对外贸新业态的支持力度。支持银行与支付机构合作为跨境电商等外贸新业态市场交易主体及个人跨境交易提供经常项下跨境人民币结算服务，支持海外务工人员通过支付机构办理薪酬汇回等业务。

二是明确银行、支付机构等相关业务主体展业和备案要求。展业过程中银行和支付机构应签订跨境人民币结算协议，明确双方责任义务，并不断提升自身业务真实性、合法性审核能力，确保业务真实、合规。

三是明确业务真实性审核、“三反”（反洗钱、反恐怖融资、反逃税）和数据报送等要求，防控业务风险。银行和支付机构开展外贸新业态相关跨境人民币业务应具有真实、合法的交易基础，通过市场交易主体管理、交易限额设定、交易电子信息采集和使用、反洗钱以及事后核查等方式做好交易真实性审核。

下一步，中国人民银行将继续密切关注外贸新业态发展，根据市场需求优化人民币跨境使用政策支持体系，推动贸易新业态高质量发展，助力稳定宏观经济大盘。

二、推动金融市场双向开放

2022 年 7 月，中国人民银行、香港证券及期货事务监察委员会（以下简称香港证监会）、香港金管局发布联合公告，宣布内地与香港利率互换市场互联互通合作（以下简称“互换通”）启动建设，便利境外投资者参与境内人民币利率互换市场，支持构建高水平金融开放格局。

2022 年 11 月，中国人民银行会同国家外汇管理局发布《境外机构投资者投资中国债券市场资金管理规定》，完善并明确境外机构投资中国债券市场资金管理要求，进一步便利境外机构投资者投资中国债券市场。

2022 年 12 月，中国人民银行会同国家外汇管理局发布《关于境外机构境内发行债券资金管理有关事宜的通知》，完善境外机构境内发行债券资金管理要求，进一步便利境外机构在境内债券市场融资。

2023 年 4 月，中国人民银行发布《内地与香港利率互换市场互联互通合作管理暂行办法》，规范开展内地与香港利率互换市场互联互通合作相关业务，保护境内外投资者合法权益，维护利率互换市场秩序。

专栏六 内地与香港“互换通”正式发布并上线

为落实党中央、国务院关于稳步推进我国金融市场对外开放的战略部署，促进内地与香港金融衍生品市场共同发展，2022 年 7 月 4 日，中国人民银行、香港证监会、香港金管局发布联合公告，宣布开展内地与香港“互换通”，并于 2023 年 5 月 15 日正式上线。“互换通”上线首日，市场运行平稳，境内外投资者交易活跃，共有 20 家境内报价商和 27 家境外投资者达成人民币利率互换交易 162 笔，名义本金共计 82.6 亿元。

近年来，我国银行间债券市场对外开放程度不断加深，境外参与者对人民币利率风险管理需求持续增加。中国人民银行会同香港证监会、香港金管局等在总结债券市场对外开放成功经验的基础上，深入研究跨境衍生品交易清算模式，形成了“互换通”合作方案。在“互换通”机制下，境内外投资者通过香港与内地基础设施机构连接，能够在不改变交易习惯、有效遵从两地相关市场法律法规的前提下，便捷地完成人民币利率互换的交易和集中清算。“互换通”的建立有利于投资者管理利率风险，提升境外机构参与我国债券市场积极性，助推人民币国际化，巩固提升香港国际金融中心地位。

下一步，中国人民银行将会同香港证监会、香港金管局和两地金融市场基础设施机构，根据“互换通”运行情况，进一步完善相关制度安排，支持香港国际金融中心繁荣发展，推动中国金融市场高质量发展和高水平对外开放。

三、完善人民币汇率形成机制

2022 年，中国人民银行继续推进汇率市场化改革，完善以市场供求为基础、参考一篮子货币进行调节、有管理的浮动汇率制度，发挥汇率调节宏观经济和国际收支自动稳定器的作用。在国际经济金融形势复杂多变、全球外汇市场波动加大的情况下，我国跨境资本流动和外汇供求基本平衡，市场预期总体平稳，人民币汇率以市场供求为基础，双向浮动、弹性增强。2022 年，中国外汇交易中心（CFETS）人民币汇率指数多数时间运行在 100 上方。总的来看，人民币在全球主要货币中表现稳健，在合理均衡水平上保持了基本稳定。

专栏七　银行间外汇市场服务高水平对外开放

近年来，中国人民银行、国家外汇管理局多措并举推动金融市场双向开放，银行间外汇市场相关资金兑换和汇率风险管理安排不断完善，服务高水平对外开放能力持续提高。

一是外汇市场与跨境金融投资协调发展。随着金融市场对外开放和人民币国际化推进，国内外汇市场更加开放，逐步、有序吸纳各类境外投资者跨境金融活动中的外汇交易需求。配合“债券通”、“沪深港通”、直接入市债券投资等金融市场对外开放业务落地，支持境外投资者通过境内市场开展外汇资金兑换和汇率风险对冲，外汇市场与债券市场、股票市场的对外开放形成积极互动。2022 年，境外银行在境内银行间外汇市场 88% 的交易来自债券投资的汇兑需求。

二是构建符合投资者多元化需求的开放体系。银行间外汇市场接轨国际市场惯例，为境外非银行金融机构提供主经纪模式和交易分仓功能，为境外央行类机构提供代理交易模式，满足境外投资者日益增长背景下的差异化交易需求。2022 年末，银行间外汇市场共有境外参与机构 197 家，交易量占比为 7%，机构范围从初期的境外人民币清算行扩展到境外央行类机构、境外参加行和境外非银金融机构。

三是统筹交易效率与风险防范。2020 年以来，先后支持直接入市和“债券通”项下的比价业务落地。这两项业务的债券投资者在资金汇兑环节可与多家银行比价，以获得更优价格，提高其汇率风险管理的灵活性和主动性。为支持多家银行比价业务顺利开展，对基于投资者的债券和外汇交易信息开展联动监测，并与银行实现外汇风险管理信息共享。

四是支持全天 20 小时连续交易。根据国际货币基金组织对 SDR 定值审查的相关要求，自 2023 年 1 月 3 日起，进一步延长银行间外汇市场交易时间，每日 7 点外币对市场和外币货币市场开盘交易（收盘 23：30），凌晨 3 点人民币外汇市场收盘（开盘 9：30），交易服务总时长达 20 个小时，覆盖亚洲、欧洲和北美市场主要交易时段。全球投资者的人民币汇率风险管理更加便利，境内外汇市场深度和广度得以进一步拓展，在岸和离岸外汇市场发展更加协调。

下一步，中国人民银行和国家外汇管理局将进一步深化外汇市场建设，着力构建开放多元、功能健全、竞争有序的市场，更好服务高水平对外开放。

第四部分
离岸人民币市场发展

2022年以来，离岸人民币市场平稳发展。离岸、在岸人民币利差各期限涨跌互现，离岸、在岸汇率走势总体一致，汇差略有走扩。境内外金融市场互联互通合作持续深化，离岸人民币产品更加丰富，跨境投资便利化、自由化水平不断提高。

一、离岸人民币利率和汇率变动情况

（一）利率变动情况

2022年以来，离岸人民币利率总体稳定，各期限利率上半年波动性整体较下半年高，隔夜利率波动性较2021年有所下降，长期限利率总体稳定。2022年末，人民币香港银行间同业拆借利率（HIBOR）隔夜和7天期拆借定盘利率分别为1.1%、1.6%，分别较上年末下降582个、94个基点；3个月、6个月和1年期利率分别为2.5%、2.8%和3.3%，分别较2021年末下降44个、下降27个和上升11个基点。

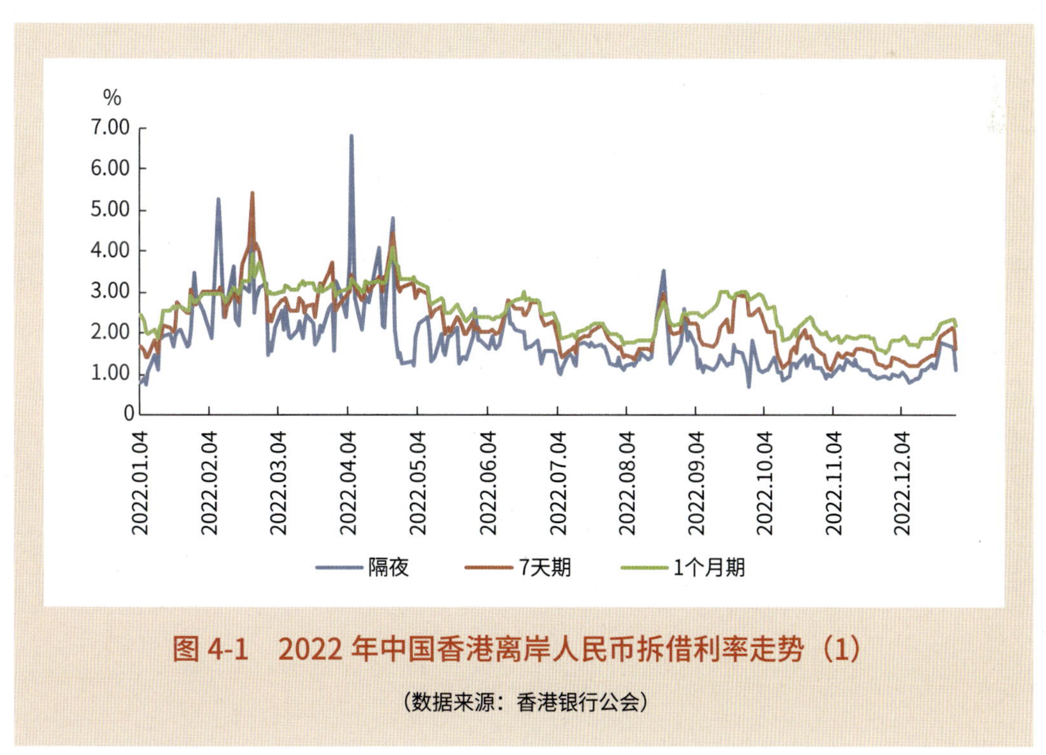

图4-1　2022年中国香港离岸人民币拆借利率走势（1）

（数据来源：香港银行公会）

2022 年，离岸市场利率水平整体高于在岸市场，人民币 HIBOR 比 SHIBOR 平均高 0.64 个百分点。1 个月期人民币 HIBOR 与 SHIBOR 利差由上半年的 66 个基点收窄至下半年的 43 个基点，3 个月期人民币 HIBOR 与 SHIBOR 利差由上半年的 72 个基点走扩至下半年的 78 个基点。

图 4-2　2022 年中国香港离岸人民币拆借利率走势（2）

（数据来源：香港银行公会）

（二）汇率变动情况

2022 年，离岸人民币汇率双向浮动特征明显，与在岸人民币汇率走势基本一致，离岸、在岸汇差总体稳定。离岸人民币汇率年内强于、弱于在岸人民币汇率的交易日天数占比分别为 31.5% 和 68.5%。全年离岸在岸日均汇差为 171 个基点，较 2021 年扩大 88 个基点。

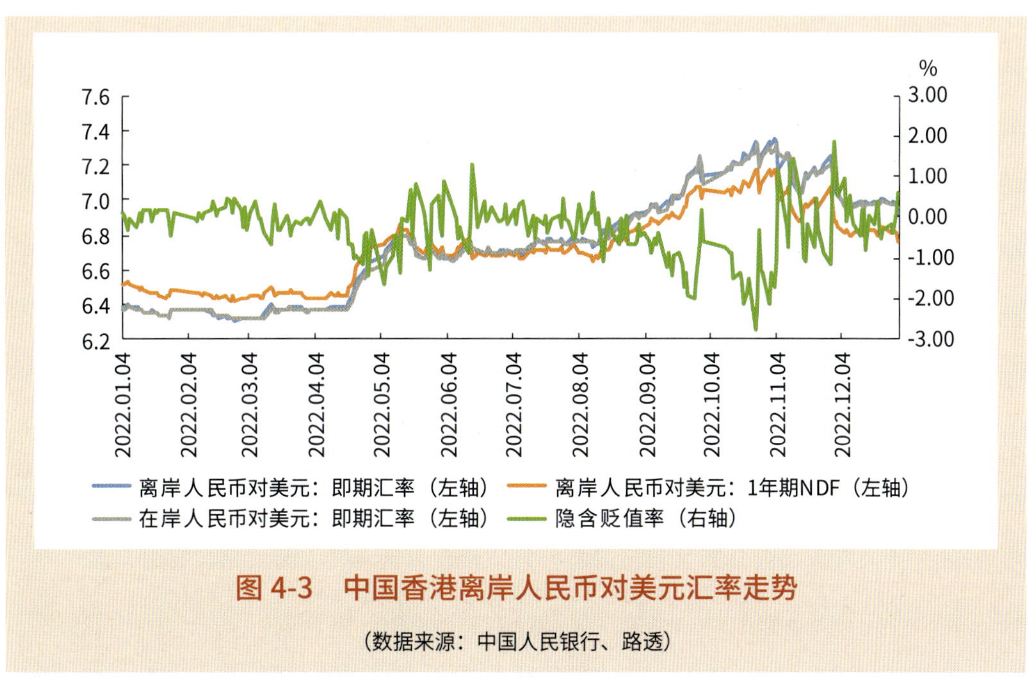

图 4-3　中国香港离岸人民币对美元汇率走势

（数据来源：中国人民银行、路透）

二、离岸人民币存款情况

2022 年，离岸人民币存款规模保持稳定。2022 年末，主要离岸市场人民币存款余额超过 1.5 万亿元，与上年末基本持平。其中，中国香港人民币存款余额为 8 357 亿元，在离岸市场中排第一位，占中国香港全部存款余额的 5.4%，占其外币存款的 10.5%。中国台湾人民币存款余额为 1 952 亿元，在离岸市场中排第二位。英国人民币存款余额为 1 059 亿元，在离岸市场中排第三位。

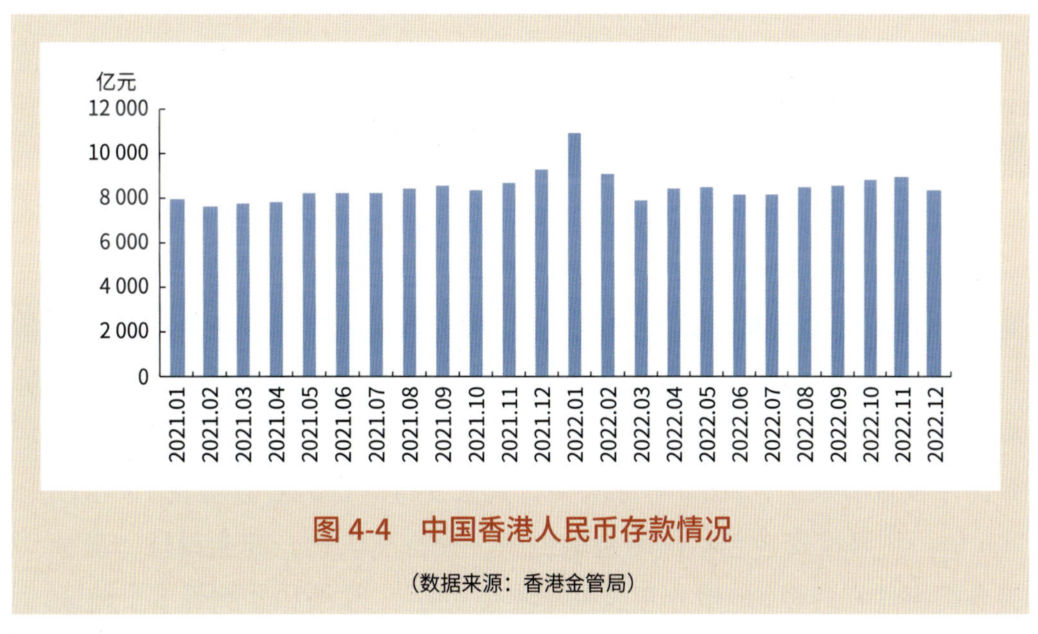

图 4-4　中国香港人民币存款情况

（数据来源：香港金管局）

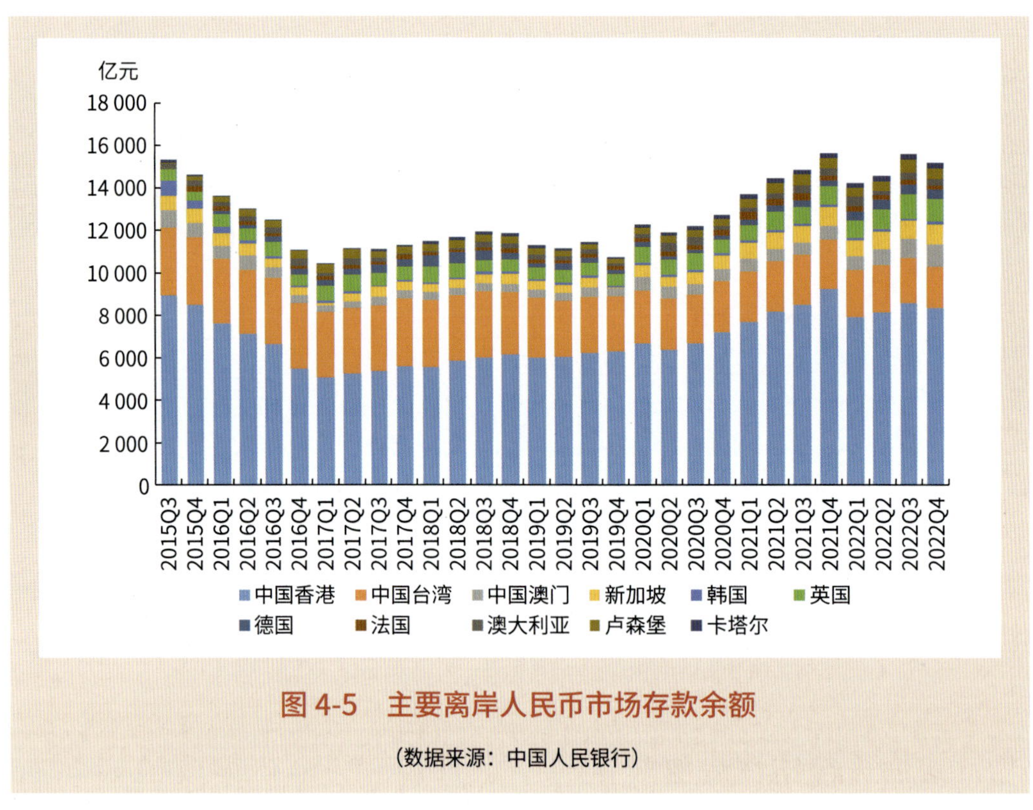

图 4-5　主要离岸人民币市场存款余额

（数据来源：中国人民银行）

三、离岸人民币融资情况

2022 年，离岸人民币债券市场稳步发展。据不完全统计，2022 年有境外人民币清算安排的国家和地区共发行人民币债券 4 838.7 亿元，同比增长 37%，其中中国香港人民币债券发行 3 853.4 亿元，同比增长 29.6%。截至 2022 年末，有人民币清算安排的国家和地区人民币债券未偿付余额为 4 469.3 亿元，同比增长 64.7%；人民币存单（CDs）发行余额为 5 264.5 亿元，同比增长 335.9%。2022 年，离岸人民币贷款规模保持增长，主要离岸市场人民币贷款余额为 5 955.5 亿元。其中，中国香港人民币贷款余额为 1 967 亿元。

四、在中国香港发行人民币央行票据情况

2022 年，中国人民银行以市场化方式定期在香港发行人民币央行票据，全年累计发行 12 期，发行规模为 1 200 亿元。2022 年，3 个月期、6 个月期和 1 年期三个品种央行票据的发行量分别为 400 亿元、200 亿元和 600 亿元。香港人民币央行票据受到离岸投资者欢迎，2022 年每次央行票据发行的认购倍数均在 1.9 倍以上，最高达 4.6 倍。主要投资者包括国际金融组织、央行类机构、商业银行、基金、保险公司等各类海外投资者，地域分布涵盖港澳台、亚太、欧洲和非洲等多个地区。同时，

香港人民币央票回购市场不断发展，参与机构范围持续扩大。

香港人民币央行票据常态化发行和央票回购市场发展，丰富了香港市场人民币投资产品系列和流动性管理工具，对于促进离岸人民币货币市场和债券市场健康发展、带动境内外经营主体在离岸市场发行人民币债券及开展人民币业务发挥了积极作用。

五、全球人民币外汇交易情况

国际清算银行 2022 年发布的调查显示，人民币外汇交易在全球市场的份额增长至 7%，升至全球第五位外汇交易货币。

截至 2022 年末，根据环球银行金融电信协会发布的外汇即期交易使用排名，人民币排在第六位，居美元、欧元、英镑、日元、加拿大元之后。以人民币进行外汇即期交易的主要境外国家和地区包括英国（38.1%）、美国（15.2%）、中国香港（8.5%）和瑞士（7.2%），合计约占离岸人民币外汇交易金额的七成。

六、离岸人民币清算情况

2022 年，境外人民币清算行人民币清算量合计为 504.3 万亿元，同比增长 7.7%。其中，代客清算 54.8 万亿元，同比增长 9.6%；银行同业清算 449.5 万亿元，同比增长 7.5%。截至 2022 年末，在境外人民币清算行开立清算账户的参加行及其他机构数达到 970 个。2022 年，香港人民币实时支付结算系统（RTGS）处理的清算金额为 414.1 万亿元，同比增长 15.8%，继续保持较快增长。

专栏八　离岸人民币市场产品和机制创新不断涌现

近年来，离岸人民币市场内生动能进一步增强，离岸人民币市场平稳健康发展。

离岸人民币市场流动性逐步提高。2022 年 7 月，中国人民银行与香港金管局将货币互换协议升级为常备互换安排，为离岸人民币市场提供更加稳定、长期限的流动性支持。支持香港金管局、新加坡金管局常态化使用人民币互换资金，充实离岸人民币市场流动性。离岸人民币市场交易更加活跃。截至 2022 年末，主要离岸市场人民币存款余额为 1.5 万亿元，处于历史高位。

离岸人民币市场参与主体更加丰富，产品体系逐步完善。国际清算银行调查显示，近三年来人民币外汇交易在全球市场的份额由 4.3% 增长至 7%，排名由第八位上升至第五位，成为市场份额上升速度最快的货币，显示离岸主体更多使用人民币进行汇兑和风险管理。2023 年 2 月，中国证监会发布规定支持境内企业境外发行股票上市使用人民币分红派息，香港交易所推出“港元—人民币双柜台模式”，为发行人和投资者提供港元和人民币计价股票选择。内地与香港利率互换市场互联互通合作业务正式开通，全球投资者获准进入在岸衍生品市场对冲利率风险。广东省政府、海南省政府、深圳市政府在中国香港和中国澳门发行离岸人民币地方政府债，丰富了离岸人民币市场信用级人民币金融产品。中银香港建立人民币央票回购做市机制，为境外投资者提供人民币流动性支持工具。

下一步，中国人民银行将继续完善离岸市场人民币流动性供给机制，丰富香港等离岸人民币市场产品体系，促进人民币在岸、离岸市场形成良性循环，支持离岸人民币市场健康发展。

第五部分

趋势展望

下一阶段，中国人民银行将坚持以习近平新时代中国特色社会主义思想为指导，认真贯彻落实党的二十大部署，以市场驱动、企业自主选择为基础，坚持改革开放和互利共赢，统筹发展和安全，有序推进人民币国际化，推进高质量发展和高水平对外开放。

一、优化跨境人民币基础制度安排

以服务贸易投资便利化为根本目标，进一步夯实跨境人民币业务制度基础，加强本外币协同，提高政策便利性和可操作性，更好满足经营主体在跨境贸易投资活动中的人民币使用需求。继续推进并优化本外币一体化资金池试点，统筹规范贸易融资等资产跨境转让业务，推进海南自贸港、横琴合作区资金“电子围网”建设。

二、持续推进金融市场制度型开放

继续优化国际投资者投资境内债券、股票涉及的跨境资金管理政策安排，支持更多央行和货币当局将人民币纳入储备，营造便利、友好的人民币资产投资生态，更好满足全球人民币资产投资者资产配置和风险管理需求。持续优化粤港澳大湾区“跨境理财通”试点相关政策安排，更好满足粤港澳大湾区居民优质金融服务需求。

三、提升人民币融资货币功能

鼓励金融机构积极开展人民币跨境贸易融资、境外贷款等融资类业务。支持更多境外央行、国际开发机构、跨国企业集团等优质发行主体在境内发行熊猫债，支持政策性金融机构等更多主体在境外发行人民币计价证券。

四、营造良好的人民币国际使用生态

加强与中国经贸往来密切国家和地区的货币合作，支持离岸人民币市场有序健康发展。加大对清算行的政策支持，优化清算行全球布局，充分发挥清算行连接离岸与在岸市场的“桥梁”作用。完善流动性供给机制，为离岸市场提供长期稳定的人民币流动性，激发经营主体创新发展离岸人民币市场产品和服务的动力。

五、守住不发生系统性风险的底线

进一步完善跨境资金流动监测、评估和预警体系，针对跨境资金流动可能出现的顺周期波动风险，健全本外币一体化的跨境资金流动宏观审慎管理框架，丰富宏观审慎管理工具箱，加强宏观审慎管理与微观监管间的配合，保障人民币国际化在守住安全底线的前提下稳步推进。

专栏九　2022 年度人民币国际使用市场调查

2022 年，中国银行对境内外工商企业使用人民币的情况进行了市场调查，调查样本逾 3 600 家，其中，境内企业 2 504 家、境外企业 1 096 家。调查显示：

一是人民币结算货币功能不断深化。约有 82.8% 的受访境内外工商企业考虑在跨境交易中使用人民币或提升人民币的使用比例，这一比例达到近年来最高水平。

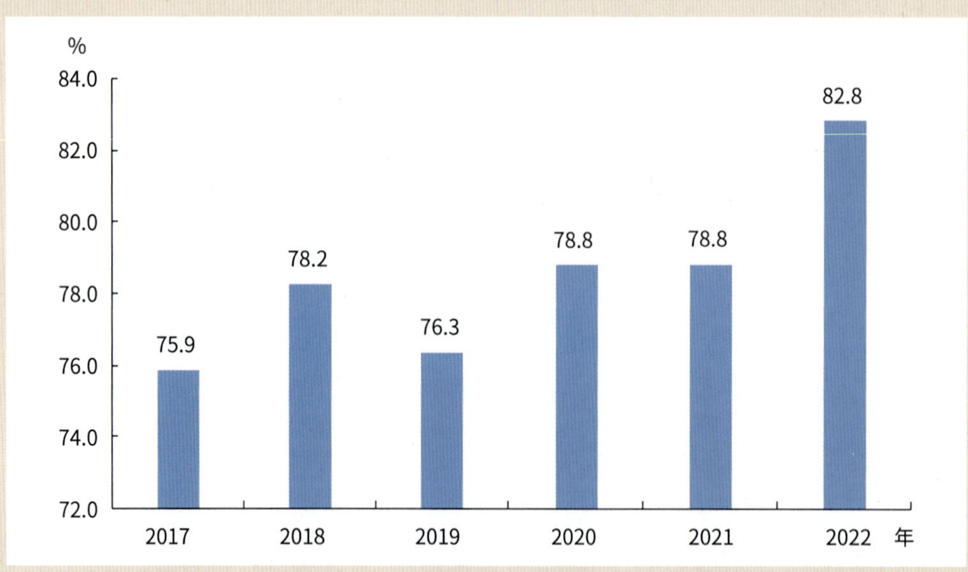

图 5-1　受访境内外工商企业中考虑提升人民币使用比例的企业占比

（数据来源：中国银行）

二是人民币计价货币功能有所下降。调查结果显示，有 18% 的受访境内工商企业表示在跨境交易中使用人民币计价，这一比例较 2021 年有小幅下降。

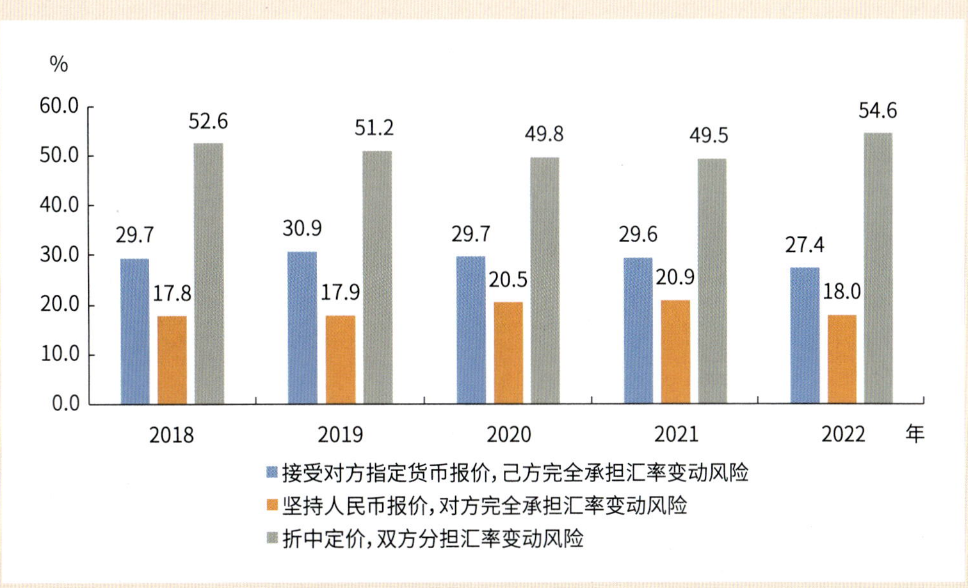

图 5-2　汇率波动时使用人民币计价的受访境内企业占比

（数据来源：中国银行）

三是人民币融资货币功能有所提升。调查结果显示，约有 78.6% 的受访境外工商企业表示，当美元、欧元等国际货币流动性较为紧张时，会考虑将人民币作为融资货币，这一比例较 2021 年的调查结果提升了 7.4 个百分点。71.8% 的受访境外工商企业会优先使用人民币作为对华贸易融资货币，这一比例较 2021 年的调查结果提升了 3.5 个百分点，境外企业将人民币用于对华贸易融资的意向为近三年最高。

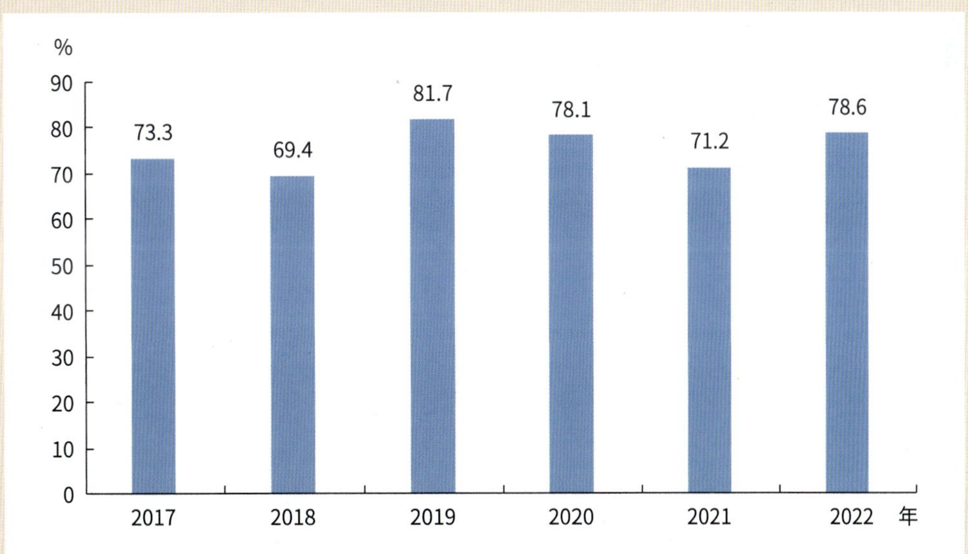

图 5-3　考虑使用人民币融资的境外受访企业占比

（数据来源：中国银行）

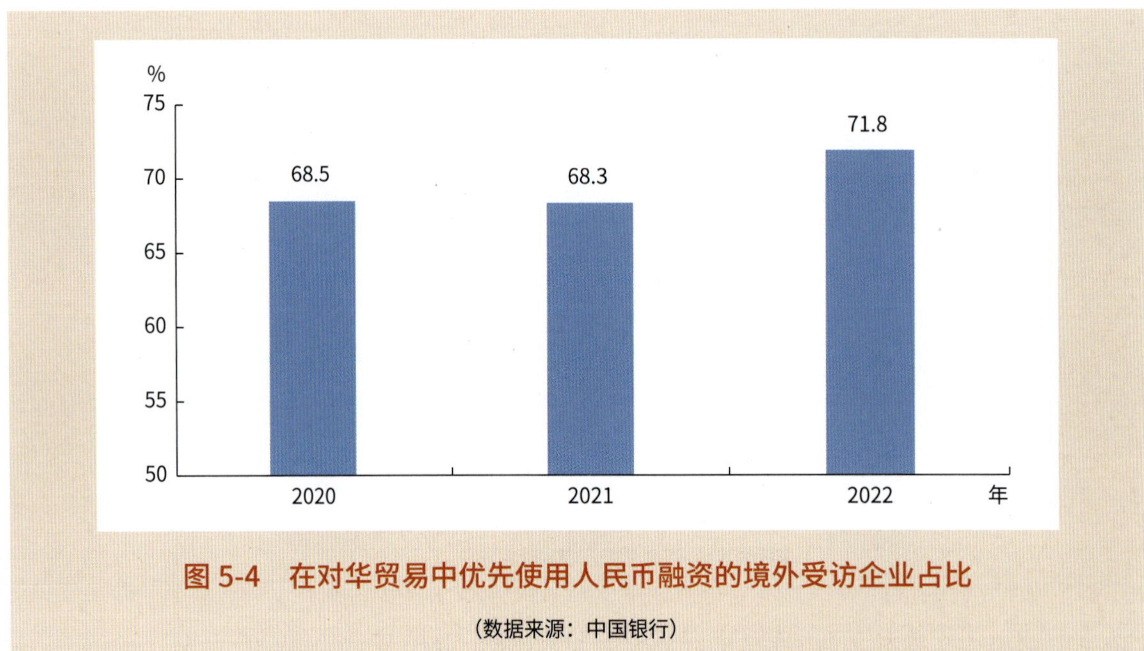

图 5-4　在对华贸易中优先使用人民币融资的境外受访企业占比

（数据来源：中国银行）

第六部分

人民币国际化大事记

2009 年

1 月 20 日，中国人民银行与香港金融管理局签署了规模为 2 000 亿元人民币 /2 270 亿港元的双边本币互换协议。

2 月 8 日，中国人民银行与马来西亚国家银行签署了规模为 800 亿元人民币 /400 亿林吉特的双边本币互换协议。

3 月 11 日，中国人民银行与白俄罗斯共和国国家银行签署了规模为 200 亿元人民币 /8 万亿白俄罗斯卢布的双边本币互换协议。

3 月 23 日，中国人民银行与印度尼西亚银行签署了规模为 1 000 亿元人民币 /175 万亿印度尼西亚卢比的双边本币互换协议。

4 月 2 日，中国人民银行与阿根廷中央银行签署了规模为 700 亿元人民币 /380 亿阿根廷比索的双边本币互换协议。

4 月 20 日，中国人民银行与韩国银行签署了规模为 1 800 亿元人民币 /38 万亿韩元的双边本币互换协议。

6 月 29 日，中国人民银行与香港金融管理局就内地与香港跨境贸易人民币结算试点业务签订《补充合作备忘录（三）》。

7 月 1 日，中国人民银行、财政部、商务部、海关总署、国家税务总局和中国银行业监督管理委员会联合发布《跨境贸易人民币结算试点管理办法》（中国人民银行 财政部 商务部 海关总署 国家税务总局 中国银行业监督管理委员会公告〔2009〕第 10 号）。

7 月 3 日，中国人民银行与中国银行（香港）有限公司签署了修订后的《香港人民币业务清算协议》，配合跨境贸易人民币结算试点工作的开展。

7 月 3 日，为贯彻落实《跨境贸易人民币结算试点管理办法》，中国人民银行发布《跨境贸易人民币结算试点管理办法实施细则》（银发〔2009〕212 号）。

7 月 6 日，上海市办理第一笔跨境贸易人民币结算业务；人民币跨境收付信息管理系统（RCPMIS）正式上线运行。

7月7日，广东省4个城市启动跨境贸易人民币结算试点工作。

7月14日，中国人民银行、财政部、商务部、海关总署、国家税务总局、中国银行业监督管理委员会联合向上海市和广东省人民政府发布了《关于同意跨境贸易人民币结算试点企业名单的函》（银办函〔2009〕472号），第一批试点企业正式获批开展出口货物贸易人民币结算业务，共计365家。

9月10日，中国人民银行和国家税务总局签署《跨境贸易人民币结算试点信息传输备忘录》。

9月15日，财政部首次在香港发行人民币国债，债券金额共计60亿元人民币。

12月22日，中国人民银行发布《跨境贸易人民币结算试点相关政策问题解答》。

2010年

2月11日，香港金融管理局发布《香港人民币业务的监管原则及操作安排的诠释》。

3月8日，中国人民银行发布《人民币跨境收付信息管理系统管理暂行办法》（银发〔2010〕79号）。

3月19日，中国人民银行和海关总署签署《关于跨境贸易以人民币结算协调工作合作备忘录》。

3月24日，中国人民银行与白俄罗斯共和国国家银行签署了《中白双边本币结算协议》。

6月9日，中国人民银行与冰岛中央银行签署了规模为35亿元人民币/660亿冰岛克朗的双边本币互换协议。

6月17日，中国人民银行、财政部、商务部、海关总署、国家税务总局和中国银行业监督管理委员会联合发布《关于扩大跨境贸易人民币结算试点有关问题的通知》（银发〔2010〕186号），扩大跨境贸易人民币结算试点范围。

7月19日，中国人民银行与香港金融管理局在香港签署《补充合作备忘录（四）》，与中国银行（香港）有限公司签署修改后的《关于人民币业务的清算协议》。

7月23日，中国人民银行与新加坡金融管理局签署了规模为1 500亿元人民币/300亿新加坡元的双边本币互换协议。

8月17日，中国人民银行发布《关于境外人民币清算行等三类机构运用人民币投资银行间债券市场试点有关事宜的通知》（银发〔2010〕217号）。

8 月 19 日，经中国人民银行授权，中国外汇交易中心在银行间外汇市场完善人民币对马来西亚林吉特的交易方式，发展人民币对马来西亚林吉特直接交易。

8 月 31 日，中国人民银行发布《境外机构人民币银行结算账户管理办法》（银发〔2010〕249 号）。

11 月 22 日，经中国人民银行授权，中国外汇交易中心在银行间外汇市场完善人民币对俄罗斯卢布的交易方式，发展人民币对俄罗斯卢布直接交易。

2011 年

1 月 6 日，中国人民银行发布《境外直接投资人民币结算试点管理办法》（中国人民银行公告〔2011〕第 1 号），允许跨境贸易人民币结算试点地区的银行和企业开展境外直接投资人民币结算试点，银行可以按照有关规定向境内机构在境外投资的企业或项目发放人民币贷款。

4 月 18 日，中国人民银行与新西兰储备银行签署了规模为 250 亿元人民币 /50 亿新西兰元的双边本币互换协议。

4 月 19 日，中国人民银行与乌兹别克斯坦共和国中央银行签署了规模为 7 亿元人民币 /1 670 亿乌兹别克斯坦苏姆的双边本币互换协议。

5 月 6 日，中国人民银行与蒙古银行签署了规模为 50 亿元人民币 /1 万亿蒙古图格里克的双边本币互换协议。

6 月 3 日，中国人民银行发布《关于明确跨境人民币业务相关问题的通知》（银发〔2011〕145 号）。

6 月 9 日，昆明富滇银行与老挝大众银行共同推出人民币与老挝基普的挂牌汇率。

6 月 13 日，中国人民银行与哈萨克斯坦国家银行签署了规模为 70 亿元人民币 /1 500 亿坚戈的双边本币互换协议。

6 月 23 日，中国人民银行与俄罗斯联邦中央银行签订了新的双边本币结算协定，规定两国经济活动主体可自行决定用自由兑换货币、人民币和卢布进行商品和服务的结算与支付。

6 月 28 日，中国工商银行广西分行和中国银行新疆分行相继推出人民币兑越南盾、哈萨克斯坦坚戈挂牌交易。

6 月 30 日，交通银行青岛分行、韩国企业银行青岛分行推出人民币对韩元的柜台挂牌交易。

7 月 27 日，中国人民银行、财政部、商务部、海关总署、国家税务总局、中国银行业监督管理委员会发布《关于扩大跨境贸易人民币结算地区的通知》（银发〔2011〕203 号），明确将跨境贸易人民币结算境内地域范围扩大至全国。

10 月 13 日，中国人民银行发布《外商直接投资人民币结算业务管理办法》（中国人民银行公告〔2011〕第 23 号）。

10 月 24 日，中国人民银行发布《关于境内银行业金融机构境外项目人民币贷款的指导意见》（银发〔2011〕255 号）。

10 月 26 日，中国人民银行与韩国银行续签双边本币互换协议，互换规模由原来的 1 800 亿元人民币 /38 万亿韩元扩大至 3 600 亿元人民币 /64 万亿韩元。

11 月 4 日，根据中国人民银行公告〔2003〕第 16 号确定的选择中国香港人民币业务清算行的原则和标准，中国人民银行授权中国银行（香港）有限公司继续担任中国香港人民币业务清算行（中国人民银行公告〔2011〕第 25 号）。

11 月 22 日，中国人民银行与香港金融管理局续签双边本币互换协议，互换规模由原来的 2 000 亿元人民币 /2 270 亿港元扩大至 4 000 亿元人民币 /4 900 亿港元。

12 月 16 日，中国证券监督管理委员会、中国人民银行、国家外汇管理局联合发布《基金管理公司、证券公司人民币合格境外机构投资者境内证券投资试点办法》（证监会令第 76 号）。

12 月 22 日，中国人民银行与泰国银行签署了中泰双边本币互换协议，互换规模为 700 亿元人民币 /3 200 亿泰铢。

12 月 23 日，中国人民银行与巴基斯坦国家银行签署了中巴双边本币互换协议，互换规模为 100 亿元人民币 /1 400 亿巴基斯坦卢比的双边本币互换协议。

12 月 29 日，人民币对泰铢银行间市场区域交易在云南省成功推出，这是我国首例人民币对非主要国际储备货币在银行间市场的区域交易。

12 月 31 日，中国人民银行发布《关于实施〈基金管理公司、证券公司人民币合格境外机构投资者境内证券投资试点办法〉有关事项的通知》（银发〔2011〕321 号）。

2012 年

1 月 17 日，中国人民银行与阿联酋中央银行在迪拜签署了规模为 350 亿元人民币 /200 亿迪拉姆的双边本币互换协议。

2 月 6 日，中国人民银行、财政部、商务部、海关总署、国家税务总局和中国银行业监督管理委员会联合发布《关于出口货物贸易人民币结算企业管理有关问题的通知》（银发〔2012〕23号）。

2月8日，中国人民银行与马来西亚国家银行续签了中马双边本币互换协议，互换规模由原来的800亿元人民币/400亿林吉特扩大至1 800亿元人民币/900亿林吉特。

2月21日，中国人民银行与土耳其共和国中央银行签署了规模为100亿元人民币/30亿土耳其里拉的双边本币互换协议。

3月20日，中国人民银行与蒙古银行签署了中蒙双边本币互换补充协议，互换规模由原来的50亿元人民币/1万亿图格里克扩大至100亿元人民币/2万亿图格里克。

3月22日，中国人民银行与澳大利亚储备银行签署了规模为2 000亿元人民币/300亿澳大利亚元的双边本币互换协议。

4月3日，经国务院批准，中国香港人民币合格境外机构投资者（RQFII）试点额度扩大500亿元人民币。

6月1日，经中国人民银行授权，中国外汇交易中心在银行间外汇市场完善人民币对日元的交易方式，发展人民币对日元直接交易。

6月26日，中国人民银行与乌克兰国家银行签署了规模为150亿元人民币/190亿格里夫纳的双边本币互换协议。

6月29日，中国人民银行发布《关于明确外商直接投资人民币结算业务操作细则的通知》（银发〔2012〕165号）。

7月31日，中国人民银行发布《境外机构人民币银行结算账户开立和使用有关问题的通知》（银发〔2012〕183号）。

8月31日，中国人民银行与中国台湾货币管理机构签署《海峡两岸货币清算合作备忘录》。

9月24日，中国人民银行与中国银行澳门分行续签《关于人民币业务的清算协议》。

11月13日，经国务院批准，中国香港人民币合格境外机构投资者（RQFII）试点额度扩大2 000亿元人民币。

12月11日，中国人民银行授权中国银行台北分行担任中国台湾人民币业务清算行。

2013年

1月25日，中国人民银行与中国银行台北分行签订《关于人民币业务的清算协议》。

2 月 8 日，中国人民银行授权中国工商银行新加坡分行担任新加坡人民币业务清算行，并于 4 月与其签订《关于人民币业务的清算协议》。

3 月 1 日，中国证券监督管理委员会、中国人民银行、国家外汇管理局联合发布《人民币合格境外机构投资者境内证券投资试点办法》（证监会令第 90 号）。

3 月 7 日，中国人民银行与新加坡金融管理局续签了规模为 3 000 亿元人民币 / 600 亿新加坡元的双边本币互换协议。

3 月 13 日，中国人民银行发布《关于合格境外机构投资者投资银行间债券市场有关事项的通知》（银发〔2013〕69 号）。

3 月 26 日，中国人民银行与巴西中央银行签署了规模为 1 900 亿元人民币 / 600 亿巴西雷亚尔的双边本币互换协议。

4 月 10 日，经中国人民银行授权，中国外汇交易中心在银行间外汇市场完善人民币对澳大利亚元的交易方式，发展人民币对澳大利亚元直接交易。

4 月 25 日，中国人民银行发布《关于实施〈人民币合格境外机构投资者境内证券投资试点办法〉有关事项的通知》（银发〔2013〕105 号）。

6 月 21 日，两岸签署《海峡两岸服务贸易协议》，允许台资金融机构以人民币合格境外机构投资者方式投资大陆资本市场，投资额度考虑按 1 000 亿元掌握。

6 月 22 日，中国人民银行与英格兰银行签署了规模为 2 000 亿元人民币 /200 亿英镑的双边本币互换协议。

7 月 9 日，中国人民银行发布《关于简化跨境人民币业务流程和完善有关政策的通知》（银发〔2013〕168 号）。

8 月 23 日，中国人民银行办公厅发布《关于优化人民币跨境收付信息管理系统信息报送流程的通知》（银办发〔2013〕188 号）。

9 月 9 日，中国人民银行与匈牙利中央银行签署了规模为 100 亿元人民币 / 3 750 亿匈牙利福林的双边本币互换协议。

9 月 11 日，中国人民银行与冰岛中央银行续签了规模为 35 亿元人民币 /660 亿冰岛克朗的双边本币互换协议。

9 月 12 日，中国人民银行与阿尔巴尼亚银行签署了规模为 20 亿元人民币 /358 亿阿尔巴尼亚列克的双边本币互换协议。

9 月 23 日，中国人民银行发布《关于境外投资者投资境内金融机构人民币结算有关事项的通知》（银发〔2013〕225 号）。

10 月 1 日，中国人民银行与印度尼西亚银行续签了规模为 1 000 亿元人民币 /

175万亿印度尼西亚卢比的双边本币互换协议。

10月8日，中国人民银行与欧洲中央银行签署了规模为3 500亿元人民币/450亿欧元的双边本币互换协议。

10月15日，第五次中英经济财金对话宣布给予英国800亿元人民币合格境外机构投资者额度。

10月22日，中新双边合作联合委员会第十次会议宣布给予新加坡500亿元人民币合格境外机构投资者额度。

12月31日，中国人民银行发布《关于调整人民币购售业务管理的通知》（银发〔2013〕321号）。

2014年

3月14日，中国人民银行、财政部、商务部、海关总署、国家税务总局和中国银行业监督管理委员会联合发布《关于简化出口货物贸易人民币结算企业管理有关事项的通知》（银发〔2014〕80号）。

3月19日，经中国人民银行授权，中国外汇交易中心在银行间外汇市场完善人民币对新西兰元的交易方式，发展人民币对新西兰元的直接交易。

3月26日，中法联合声明宣布给予法国800亿元人民币合格境外机构投资者额度。

3月28日，中国人民银行与德意志联邦银行签署了在法兰克福建立人民币清算安排的合作备忘录。

3月31日，中国人民银行与英格兰银行签署了在伦敦建立人民币清算安排的合作备忘录。

4月25日，中国人民银行与新西兰储备银行续签了规模为250亿元人民币/50亿新西兰元的双边本币互换协议。

6月11日，中国人民银行发布《关于贯彻落实〈国务院办公厅关于支持外贸稳定增长的若干意见〉的指导意见》（银发〔2014〕168号）。

6月17日，中国人民银行授权中国建设银行（伦敦）有限公司担任伦敦人民币业务清算行。

6月18日，中国人民银行授权中国银行法兰克福分行担任法兰克福人民币业务清算行。

6月19日，经中国人民银行授权，中国外汇交易中心在银行间外汇市场完善人民币对英镑的交易方式，发展人民币对英镑的直接交易。

6 月 28 日，中国人民银行与法兰西银行签署了在巴黎建立人民币清算安排的合作备忘录，与卢森堡中央银行签署了在卢森堡建立人民币清算安排的合作备忘录。

7 月 3 日，中国人民银行与韩国银行签署了在首尔建立人民币清算安排的合作备忘录，给予韩国 800 亿元人民币合格境外机构投资者额度；4 日，授权交通银行首尔分行担任首尔人民币业务清算行。

7 月 7 日，在德国总理默克尔来华访问期间，李克强总理宣布给予德国 800 亿元人民币合格境外机构投资者额度。

7 月 18 日，中国人民银行与阿根廷中央银行续签了规模为 700 亿元人民币 / 900 亿阿根廷比索的双边本币互换协议。

7 月 21 日，中国人民银行与瑞士国家银行签署了规模为 1 500 亿元人民币 / 210 亿瑞士法郎的双边本币互换协议。

8 月 21 日，中国人民银行与蒙古银行续签了规模为 150 亿元人民币 /4.5 万亿蒙古图格里克的双边本币互换协议。

9 月 5 日，中国人民银行授权中国银行巴黎分行担任巴黎人民币业务清算行，授权中国工商银行卢森堡分行担任卢森堡人民币业务清算行。

9 月 16 日，中国人民银行与斯里兰卡中央银行签署了规模为 100 亿元人民币 / 2 250 亿斯里兰卡卢比的双边本币互换协议。

9 月 28 日，中国人民银行办公厅发布《关于境外机构在境内发行人民币债务融资工具跨境人民币结算有关事宜的通知》（银办发〔2014〕221 号）。

9 月 30 日，经中国人民银行授权，中国外汇交易中心在银行间外汇市场完善人民币对欧元的交易方式，发展人民币对欧元的直接交易。

10 月 11 日，中国人民银行与韩国银行续签了规模为 3 600 亿元人民币 /64 万亿韩元的双边本币互换协议。

10 月 13 日，中国人民银行与俄罗斯联邦中央银行签署了规模为 1 500 亿元人民币 /8 150 亿卢布的双边本币互换协议。

11 月 1 日，中国人民银行发布《关于跨国企业集团开展跨境人民币资金集中运营业务有关事宜的通知》（银发〔2014〕324 号）。

11 月 3 日，中国人民银行与卡塔尔中央银行签署了在多哈建立人民币清算安排的合作备忘录，签署了规模为 350 亿元人民币 /208 亿里亚尔的双边本币互换协议，给予卡塔尔 300 亿元人民币合格境外机构投资者额度；4 日，授权中国工商银行多哈分行担任多哈人民币业务清算行。

11月4日，中国人民银行、中国证券监督管理委员会联合发布《关于沪港股票市场交易互联互通机制试点有关问题的通知》(银发〔2014〕336号)。

11月5日，中国人民银行发布《关于人民币合格境内机构投资者境外证券投资有关事项的通知》(银发〔2014〕331号)。

11月8日，中国人民银行与加拿大银行签署了在加拿大建立人民币清算安排的合作备忘录，签署了规模为2 000亿元人民币/300亿加拿大元的双边本币互换协议，并给予加拿大500亿元人民币合格境外机构投资者额度；9日，授权中国工商银行（加拿大）有限公司担任多伦多人民币业务清算行。

11月10日，中国人民银行与马来西亚国家银行签署了在吉隆坡建立人民币清算安排的合作备忘录。

11月17日，中国人民银行与澳大利亚储备银行签署了在澳大利亚建立人民币清算安排的合作备忘录，给予澳大利亚500亿元人民币合格境外机构投资者额度；18日，授权中国银行悉尼分行担任悉尼人民币业务清算行。

11月22日，中国人民银行与香港金融管理局续签了规模为4 000亿元人民币/5 050亿港元的货币互换协议。

12月14日，中国人民银行与哈萨克斯坦国家银行续签了规模为70亿元人民币/2 000亿哈萨克斯坦坚戈的双边本币互换协议；15日，经中国人民银行批准，中国外汇交易中心正式推出人民币对哈萨克斯坦坚戈银行间区域交易。

12月22日，中国人民银行与泰国银行签署了在泰国建立人民币清算安排的合作备忘录，并续签了规模为700亿元人民币/3 700亿泰铢的双边本币互换协议。

12月23日，中国人民银行与巴基斯坦国家银行续签了规模为100亿元人民币/1 650亿巴基斯坦卢比的双边本币互换协议。

2015年

1月5日，中国人民银行授权中国银行（马来西亚）有限公司担任吉隆坡人民币业务清算行，授权中国工商银行（泰国）有限公司担任曼谷人民币业务清算行。

1月21日，中国人民银行与瑞士国家银行签署合作备忘录，就在瑞士建立人民币清算安排有关事宜达成一致，给予瑞士500亿元人民币合格境外机构投资者额度。

3月18日，中国人民银行与苏里南中央银行签署了规模为10亿元人民币/5.2亿苏里南元的双边本币互换协议。

3月25日，中国人民银行与亚美尼亚中央银行签署了规模为10亿元人民币/770亿亚美尼亚德拉姆的双边本币互换协议。

3月30日，中国人民银行与澳大利亚储备银行续签了规模为2 000亿元人民币/400亿澳大利亚元的双边本币互换协议。

4月10日，中国人民银行与南非储备银行签署了规模为300亿元人民币/540亿南非兰特的双边本币互换协议。

4月17日，中国人民银行与马来西亚国家银行续签了规模为1 800亿元人民币/900亿马来西亚林吉特的双边本币互换协议。

4月29日，人民币合格境外机构投资者试点地区扩大至卢森堡，初始投资额度为500亿元人民币。

5月10日，中国人民银行与白俄罗斯共和国国家银行续签了规模为70亿元人民币/16万亿白俄罗斯卢布的双边本币互换协议。

5月15日，中国人民银行与乌克兰国家银行续签了规模为150亿元人民币/540亿乌克兰格里夫纳的双边本币互换协议。

5月25日，中国人民银行与智利中央银行签署了在智利建立人民币清算安排的合作备忘录，并签署了规模为220亿元人民币/2.2万亿智利比索的双边本币互换协议，给予智利500亿元人民币合格境外机构投资者额度；同日，授权中国建设银行智利分行担任智利人民币业务清算行。

6月1日，中国人民银行发布《关于境外人民币业务清算行、境外参加银行开展银行间债券市场债券回购交易的通知》（银发〔2015〕170号）。

6月11日，中国人民银行发布《人民币国际化报告（2015）》。

6月27日，中国人民银行与匈牙利中央银行签署了在匈牙利建立人民币清算安排的合作备忘录和《中国人民银行代理匈牙利中央银行投资中国银行间债券市场的代理投资协议》，给予匈牙利500亿元人民币合格境外机构投资者额度；28日，授权中国银行匈牙利分行担任匈牙利人民币业务清算行。

7月7日，中国人民银行与南非储备银行签署了在南非建立人民币清算安排的合作备忘录；8日，授权中国银行约翰内斯堡分行担任南非人民币业务清算行。

7月14日，中国人民银行印发《关于境外央行、国际金融组织、主权财富基金运用人民币投资银行间市场有关事宜的通知》（银发〔2015〕220号），对境外央行类机构简化了入市流程，取消了额度限制，允许其自主选择中国人民银行或银行间市场结算代理人为其代理交易结算，并拓宽其可投资品种。

7月24日，中国人民银行公告〔2015〕第19号发布，明确境内原油期货以人民币为计价货币，引入境外交易者和境外经纪机构参与交易等。

8 月 11 日，中国人民银行发布关于完善人民币兑美元汇率中间价报价的声明。自 2015 年 8 月 11 日起，做市商在每日银行间外汇市场开盘前，参考上日银行间外汇市场的收盘汇率，综合考虑外汇供求情况以及国际主要货币汇率变化向中国外汇交易中心提供中间价报价。

9 月 3 日，中国人民银行与塔吉克斯坦国家银行签署了规模为 30 亿元人民币 / 30 亿索摩尼的双边本币互换协议。

9 月 7 日，中国人民银行印发《关于进一步便利跨国企业集团开展跨境双向人民币资金池业务的通知》（银发〔2015〕279 号）。

9 月 17 日，中国人民银行与阿根廷中央银行签署了在阿根廷建立人民币清算安排的合作备忘录；18 日，授权中国工商银行（阿根廷）股份有限公司担任阿根廷人民币业务清算行。

9 月 21 日，中国人民银行批复同意香港上海汇丰银行有限公司和中国银行（香港）有限公司在银行间债券市场发行金融债券，这是国际性商业银行首次获准在银行间债券市场发行人民币债券。

9 月 26 日，中国人民银行与土耳其共和国中央银行续签了规模为 120 亿元人民币 /50 亿土耳其里拉的双边本币互换协议。

9 月 27 日，中国人民银行与格鲁吉亚国家银行签署了双边本币互换框架协议。

9 月 29 日，中国人民银行与赞比亚中央银行签署了在赞比亚建立人民币清算安排的合作备忘录；30 日，授权赞比亚中国银行担任赞比亚人民币业务清算行。

9 月 29 日，中国人民银行与吉尔吉斯斯坦共和国国家银行签署了加强合作的意向协议。

9 月 30 日，中国人民银行公告〔2015〕第 31 号发布，开放境外央行（货币当局）和其他官方储备管理机构、国际金融组织、主权财富基金依法合规参与中国银行间外汇市场。

10 月 8 日，人民币跨境支付系统（一期）成功上线运行。

10 月 20 日，中国人民银行在伦敦采用簿记建档方式成功发行了 50 亿元人民币央行票据，期限 1 年，票面利率 3.1%。这是中国人民银行首次在中国以外地区发行以人民币计价的央行票据。

10 月 20 日，中国人民银行与英格兰银行续签了规模为 3 500 亿元人民币 /350 亿英镑的双边本币互换协议。

11 月 2 日，为满足境外中央银行、货币当局、其他官方储备管理机构、国际金融组织以及主权财富基金在境内开展相关业务的实际需要，中国人民银行办公厅发布《关于境外中央银行类机构在境内银行业金融机构开立人民币银行结算账户有关事项的通知》（银办发〔2015〕227号）。

11月6日，中国人民银行、国家外汇管理局发布《内地与香港证券投资基金跨境发行销售资金管理操作指引》(中国人民银行　国家外汇管理局公告〔2015〕第36号)。

11月9日，经中国人民银行授权，中国外汇交易中心宣布在银行间外汇市场开展人民币对瑞士法郎直接交易。

11月18日，中欧国际交易所股份有限公司举行成立仪式，并挂牌首批以人民币计价和结算的证券现货产品。

11月23日，人民币合格境外机构投资者试点地区扩大至马来西亚，投资额度为500亿元人民币。

11月25日，首批境外央行类机构在中国外汇交易中心完成备案，正式进入中国银行间外汇市场。

11月27日，中国银行间市场交易商协会接受加拿大不列颠哥伦比亚省在中国银行间债券市场发行60亿元人民币主权债券的注册。

11月30日，国际货币基金组织执董会决定将人民币纳入特别提款权（SDR）货币篮子，SDR货币篮子相应扩大至美元、欧元、人民币、日元、英镑5种货币，人民币在SDR货币篮子中的权重为10.92%，新的SDR货币篮子于2016年10月1日生效。同日，中国人民银行授权中国建设银行苏黎世分行担任瑞士人民币业务清算行。

12月7日，中国银行间市场交易商协会接受韩国政府在中国银行间债券市场发行30亿元人民币主权债券的注册。

12月14日，中国人民银行与阿联酋中央银行续签了规模为350亿元人民币/200亿阿联酋迪拉姆的双边本币互换协议。同日，双方签署了在阿联酋建立人民币清算安排的合作备忘录，并同意将人民币合格境外机构投资者试点地区扩大至阿联酋，投资额度为500亿元人民币。

12月17日，人民币合格境外机构投资者试点地区扩大至泰国，投资额度为500亿元人民币。

2016年

1月20日，中国人民银行办公厅印发《关于调整境外机构人民币银行结算账户资金使用有关事宜的通知》（银办发〔2016〕15号）。

1月22日，中国人民银行印发《关于扩大全口径跨境融资宏观审慎管理试点的通知》（银发〔2016〕18号）。

2月24日，中国人民银行发布2016年第3号公告，便利符合条件的境外机构投资者投资银行间债券市场（中国人民银行公告〔2016〕第3号）。

3月7日，中国人民银行与新加坡金融管理局续签双边本币互换协议，协议规模为3 000亿元人民币/640亿新加坡元，有效期为3年。

4月29日，中国人民银行印发《关于在全国范围内实施全口径跨境融资宏观审慎管理的通知》（银发〔2016〕132号）。

5月11日，中国人民银行与摩洛哥银行签署双边本币互换协议，协议规模为100亿元人民币/150亿迪拉姆，有效期为3年。

6月7日，中国人民银行与美国联邦储备委员会签署了在美国建立人民币清算安排的合作备忘录，并给予美国2 500亿元人民币合格境外机构投资者额度。

6月17日，中国人民银行与塞尔维亚中央银行签署双边本币互换协议，协议规模为15亿元人民币/270亿塞尔维亚第纳尔，有效期为3年。

6月20日，经中国人民银行授权，中国外汇交易中心在银行间外汇市场完善人民币对南非兰特的交易方式，发展人民币对南非兰特直接交易。

6月25日，中国人民银行与俄罗斯联邦中央银行签署了在俄罗斯建立人民币清算安排的合作备忘录。

6月27日，经中国人民银行授权，中国外汇交易中心在银行间外汇市场完善人民币对韩元的交易方式，发展人民币对韩元直接交易。

7月11日，中国银行（香港）有限公司以直接参与者身份接入人民币跨境支付系统（CIPS），这是CIPS的首家境外直接参与者；同日，中信银行、上海银行、广东发展银行、江苏银行、三菱东京日联银行（中国）有限公司、瑞穗银行（中国）有限公司、恒生银行（中国）有限公司等以直接参与者身份接入CIPS，CIPS直接参与者数量增至27家。

8月10日，中国人民银行办公厅印发《关于波兰共和国在银行间债券市场发行人民币债券有关事项的批复》，同意受理波兰共和国在银行间债券市场发行人民币债券的注册申请（银办函〔2016〕378号）。

8月30日，中国人民银行、国家外汇管理局联合发布《关于人民币合格境外机构投资者境内证券投资管理有关问题的通知》（银发〔2016〕227号）。

9月12日，中国人民银行与匈牙利央行续签双边本币互换协议，协议规模为

100 亿元人民币 /4 160 亿匈牙利福林，有效期为 3 年。

9 月 20 日，中国人民银行发布 2016 年第 23 号公告，授权中国银行纽约分行担任美国人民币业务清算行（中国人民银行公告〔2016〕第 23 号）。

9 月 23 日，中国人民银行发布 2016 年第 24 号公告，授权中国工商银行（莫斯科）股份有限公司担任俄罗斯人民币业务清算行（中国人民银行公告〔2016〕第 24 号）。

9 月 26 日，经中国人民银行授权，中国外汇交易中心开始在银行间外汇市场开展人民币对沙特里亚尔直接交易。

9 月 26 日，经中国人民银行授权，中国外汇交易中心开始在银行间外汇市场开展人民币对阿联酋迪拉姆直接交易。

9 月 27 日，中国人民银行与欧洲中央银行签署补充协议，决定将双边本币互换协议有效期延长 3 年至 2019 年 10 月 8 日。互换规模仍为 3 500 亿元人民币 /450 亿欧元。

11 月 4 日，中国人民银行、中国证券监督管理委员会联合发布《关于内地与香港股票市场交易互联互通机制有关问题的通知》（银发〔2016〕282 号）。12 月 5 日，正式启动深港通。

11 月 14 日，经中国人民银行授权，中国外汇交易中心在银行间外汇市场完善人民币对加拿大元的交易方式，开展人民币对加拿大元直接交易。

11 月 29 日，中国人民银行印发《中国人民银行关于进一步明确境内企业境外放款业务有关事项的通知》（银发〔2016〕306 号）。

12 月 6 日，中国人民银行与埃及中央银行签署双边本币互换协议，协议规模为 180 亿元人民币 /470 亿埃及镑，有效期为 3 年。

12 月 9 日，中国人民银行发布 2016 年第 30 号公告，授权中国农业银行迪拜分行担任阿联酋人民币业务清算行（中国人民银行公告〔2016〕第 30 号）。

12 月 12 日，经中国人民银行授权，中国外汇交易中心开始在银行间外汇市场开展人民币对墨西哥比索直接交易。

12 月 12 日，经中国人民银行授权，中国外汇交易中心开始在银行间外汇市场开展人民币对土耳其里拉直接交易。

12 月 12 日，经中国人民银行授权，中国外汇交易中心开始在银行间外汇市场开展人民币对波兰兹罗提直接交易。

12 月 12 日，经中国人民银行授权，中国外汇交易中心开始在银行间外汇市场开展人民币对丹麦克朗直接交易。

12 月 12 日，经中国人民银行授权，中国外汇交易中心开始在银行间外汇市场开展人民币对匈牙利福林直接交易。

12 月 12 日，经中国人民银行授权，中国外汇交易中心开始在银行间外汇市场开展人民币对挪威克朗直接交易。

12 月 12 日，经中国人民银行授权，中国外汇交易中心开始在银行间外汇市场开展人民币对瑞典克朗直接交易。

12 月 21 日，中国人民银行与冰岛中央银行续签双边本币互换协议，协议规模为 35 亿元人民币 /660 亿冰岛克朗，有效期为 3 年。

12 月 26 日，中国人民银行办公厅印发《中国人民银行办公厅关于境外机构境内发行人民币债券跨境人民币结算业务有关事宜的通知》（银办发〔2016〕258 号）。

2017 年

1 月 13 日，中国人民银行发布《关于全口径跨境融资宏观审慎管理有关事宜的通知》（银发〔2017〕9 号）。

3 月 20 日，中国人民银行与中国银行纽约分行签署《关于人民币业务的清算协议》。

3 月 20 日，中国人民银行与中国工商银行（莫斯科）股份有限公司签署《关于人民币业务的清算协议》。

3 月 20 日，中国人民银行与中国农业银行迪拜分行签署《关于人民币业务的清算协议》。

5 月 19 日，中国人民银行与新西兰储备银行续签双边本币互换协议，协议规模为 250 亿元人民币 /50 亿新西兰元，有效期为 3 年。

5 月 23 日，中国人民银行发布《关于印发〈人民币跨境收付信息管理系统管理办法〉的通知》（银发〔2017〕126 号）。

5 月 27 日，中国人民银行办公厅发布《关于完善人民币跨境收付信息管理系统银行间业务数据报送流程的通知》（银办发〔2017〕118 号）。

6 月 29 日，中国人民银行与中国银行（香港）有限公司续签《关于人民币业务的清算协议》。

7 月 4 日，经国务院批准，中国香港人民币合格境外机构投资者额度扩大至 5 000 亿元人民币。

7 月 6 日，中国人民银行与蒙古银行续签双边本币互换协议，协议规模为 150 亿元人民币 /5.4 万亿蒙古图格里克，有效期为 3 年。

7月18日，中国人民银行与阿根廷央行续签双边本币互换协议，规模为700亿元人民币/1 750亿阿根廷比索，有效期为3年。

7月21日，中国人民银行与瑞士国家银行续签双边本币互换协议，协议规模为1 500亿元人民币/210亿瑞士法郎，有效期为3年。

8月11日，经中国人民银行授权，中国外汇交易中心开展人民币对蒙古图格里克银行间市场区域交易。

9月13日，经中国人民银行授权，中国外汇交易中心开展人民币对柬埔寨瑞尔银行间市场区域交易。

9月21日，中国人民银行与中国银行澳门分行续签《关于人民币业务的清算协议》。

10月11日，中国人民银行与韩国银行续签双边本币互换协议，协议规模为3 600亿元人民币/64万亿韩元，有效期为3年。

11月2日，中国人民银行与卡塔尔中央银行续签双边本币互换协议，协议规模为350亿元人民币/208亿里亚尔，有效期为3年。

11月8日，中国人民银行与加拿大银行续签双边本币互换协议，协议规模为2 000亿元人民币/300亿加拿大元，有效期为3年。

11月22日，中国人民银行与香港金融管理局续签双边本币互换协议，协议规模为4 000亿元人民币/4 700亿港元，有效期为3年。

11月22日，中国人民银行与俄罗斯联邦中央银行续签双边本币互换协议，协议规模为1 500亿元人民币/13 250亿卢布，有效期为3年。

12月22日，中国人民银行与泰国银行续签双边本币互换协议，协议规模为700亿元人民币/3 700亿泰铢，有效期为3年。

2018年

1月4日，中国人民银行与中国银行台北分行续签《关于人民币业务的清算协议》。

1月5日，中国人民银行印发《关于进一步完善人民币跨境业务政策促进贸易投资便利化的通知》（银发〔2018〕3号），明确凡依法可使用外汇结算的跨境交易，企业都可以使用人民币结算。

1月5日，中国外汇交易中心发布《关于境外银行参与银行间外汇市场区域交易有关事项的公告》，同意符合条件的境外银行参与银行间外汇市场区域交易。

2 月 9 日，中国人民银行授权美国摩根大通银行担任美国人民币业务清算行。

3 月 26 日，人民币跨境支付系统二期投产试运行。

3 月 26 日，以人民币计价结算的原油期货在上海国际能源交易中心挂牌交易。

3 月 30 日，中国人民银行与澳大利亚储备银行续签规模为 2 000 亿元人民币 /400 亿澳大利亚元的双边本币互换协议。

4 月 3 日，中国人民银行与阿尔巴尼亚中央银行续签规模为 20 亿元人民币 /342 亿阿尔巴尼亚列克的双边本币互换协议。

4 月 11 日，中国人民银行与南非储备银行续签规模为 300 亿元人民币 /540 亿南非兰特的双边本币互换协议。

4 月 20 日，为进一步规范人民币合格境内机构投资者境外证券投资活动，中国人民银行办公厅印发《关于进一步明确人民币合格境内机构投资者境外证券投资管理有关事项的通知》(银办发〔2018〕81 号)。

4 月 27 日，中国人民银行与尼日利亚中央银行签署规模为 150 亿元人民币 /7 200 亿奈拉的双边本币互换协议。

5 月 1 日，将“沪股通”及“深股通”每日额度扩大四倍，北上每日额度从 130 亿元调整为 520 亿元，南下每日额度从 105 亿元调整为 420 亿元。

5 月 2 日，人民币跨境支付系统二期全面投产，符合要求的直接参与者同步上线。

5 月 4 日，以人民币计价的大连商品交易所铁矿石期货正式引入境外交易者。

5 月 9 日，人民币合格境外机构投资者试点地区扩大至日本，投资额度为 2 000 亿元。

5 月 10 日，中国人民银行与白俄罗斯共和国国家银行续签规模为 70 亿元人民币 /22.2 亿白俄罗斯卢布的双边本币互换协议。

5 月 16 日，为进一步完善跨境资金流动管理，推进金融市场开放，中国人民银行办公厅印发《关于进一步完善跨境资金流动管理 支持金融市场开放有关事宜的通知》(银办发〔2018〕96 号)。

5 月 23 日，中国人民银行与巴基斯坦国家银行续签规模为 200 亿元人民币 /3 510 亿巴基斯坦卢比的双边本币互换协议。

5 月 25 日，中国人民银行与智利中央银行续签规模为 220 亿元人民币 /22 000 亿智利比索的双边本币互换协议。

5 月 28 日，中国人民银行与哈萨克斯坦国家银行续签规模为 70 亿元人民币 /3 500 亿哈萨克斯坦坚戈的双边本币互换协议。

6 月 1 日，中国 A 股股票正式纳入明晟 (MSCI) 新兴市场指数和全球基准指数，有利于吸引境外投资者配置人民币股票资产。

6 月 11 日，为规范人民币合格境外机构投资者境内证券投资管理，中国人民银行、国家外汇管理局发布《关于人民币合格境外机构投资者境内证券投资管理有关问题的通知》（银发〔2018〕157 号）。

6 月 13 日，为进一步完善人民币购售业务管理，中国人民银行发布《关于完善人民币购售业务管理有关问题的通知》（银发〔2018〕159 号），开放了证券投资项下跨境人民币购售业务。

8 月 20 日，中国人民银行与马来西亚国家银行续签规模为 1 800 亿元人民币 / 1 100 亿马来西亚林吉特的双边本币互换协议。

9 月 3 日，中国外汇交易中心正式引入中国工商银行（阿拉木图）股份公司与工银标准银行公众有限公司参与银行间外汇市场人民币对坚戈区域交易，并决定延长人民币对坚戈区域交易时间，由 10：30 ~ 16：30 调整为 10：30 ~ 19：00。

9 月 8 日，为促进全国银行间债券市场对外开放、规范境外机构债券发行、保护债券市场投资者合法权益，中国人民银行和财政部联合下发《全国银行间债券市场境外机构债券发行管理暂行办法》（中国人民银行　财政部公告〔2018〕第 16 号）。

9 月 20 日，中国人民银行和香港金融管理局签署了《关于使用债务工具中央结算系统发行中国人民银行票据的合作备忘录》。

10 月 13 日，中国人民银行与英格兰银行续签规模为 3 500 亿元人民币 /400 亿英镑的双边本币互换协议。

10 月 22 日，中国人民银行与日本银行签署了在日本建立人民币清算安排的合作备忘录；26 日，授权中国银行东京分行担任日本人民币业务清算行。

10 月 26 日，中国人民银行与日本银行签署规模为 2 000 亿元人民币 /34 000 亿日元的双边本币互换协议。

11 月 7 日，中国人民银行通过香港金融管理局债务工具中央结算系统（CMU）债券投标平台，首次招标发行人民币央行票据。

11 月 16 日，中国人民银行与印度尼西亚银行续签规模为 2 000 亿元人民币 / 440 万亿印度尼西亚卢比的双边本币互换协议。

11 月 20 日，中国人民银行与菲律宾中央银行签署了在菲律宾建立人民币清算安排的合作备忘录。

11 月 30 日，以人民币计价的精对苯二甲酸期货正式引入境外交易者。

12 月 10 日，中国人民银行与乌克兰国家银行续签规模为 150 亿元人民币 /620 亿乌克兰格里夫纳的双边本币互换协议。

2019 年

1 月 31 日，彭博公司正式确认将于 2019 年 4 月起将中国债券纳入彭博巴克莱债券指数。

2 月 11 日，中国人民银行与苏里南中央银行续签规模为 10 亿元人民币 /11 亿苏里南元的双边本币互换协议。

2 月 28 日，明晟（MSCI）宣布，大幅提升 A 股在其全球指数中的权重，分三阶段将纳入因子由 5% 增长至 20%。

5 月 10 日，中国人民银行与新加坡金融管理局续签规模为 3 000 亿元人民币 / 610 亿新加坡元的双边本币互换协议。

5 月 30 日，中国人民银行与土耳其共和国中央银行续签规模为 120 亿元人民币 /109 亿土耳其里拉的双边本币互换协议。

5 月 30 日，中国人民银行发布 2019 年第 11 号公告，授权日本三菱日联银行担任日本人民币业务清算行（中国人民银行公告〔2019〕第 11 号）。

6 月 5 日，人民币合格境外机构投资者试点地区扩大至荷兰，投资额度为 500 亿元人民币。

8 月 23 日，中国人民银行发布《2019 年人民币国际化报告》。

8 月 27 日，在哈尔滨市召开 2019 年人民币在周边国家和地区使用座谈会，研究部署进一步深化扩大周边国家和地区人民币跨境使用相关工作。

9 月 10 日，国家外汇管理局公告取消合格境外机构投资者（QFII）和人民币合格境外机构投资者（RQFII）投资额度限制。

9 月 12 日，中国人民银行发布 2019 年第 18 号公告，授权中国银行马尼拉分行担任菲律宾人民币业务清算行（中国人民银行公告〔2019〕第 18 号）。

10 月 8 日，中国人民银行与欧洲中央银行续签规模为 3 500 亿元人民币 /450 亿欧元的双边本币互换协议。

10 月 15 日，中国人民银行与国家外汇管理局联合发布《关于进一步便利境外机构投资者投资银行间债券市场有关事项的通知》（银发〔2019〕240 号）。

12 月 5 日，中国人民银行与澳门金融管理局签署规模为 300 亿元人民币 /350 亿澳门元的双边本币互换协议。

12 月 10 日，中国人民银行与匈牙利中央银行续签规模为 200 亿元人民币 / 8 640 亿匈牙利福林的双边本币互换协议。

12 月 18 日，中国人民银行发布 2019 年第 29 号公告，进一步便利中国澳门个人人民币跨境汇款业务（中国人民银行公告〔2019〕第 29 号）。

12 月 20 日，中国人民银行召开人民币国际化工作座谈会。

12 月 21 日，中国金融学会跨境人民币业务专业委员会成立。

2020 年

1 月 6 日，中国人民银行与老挝银行签署双边本币合作协议，允许在两国已经放开的所有经常和资本项下交易中直接使用双方本币结算。

1 月 31 日，中国人民银行会同财政部、中国银行保险监督管理委员会、中国证券监督管理委员会和国家外汇管理局共同发布《关于进一步强化金融支持防控新型冠状病毒感染肺炎疫情的通知》（银发〔2020〕29 号），简化疫情防控相关跨境人民币业务办理流程，支持建立“绿色通道”，切实提高跨境人民币业务办理效率。

2 月 10 日，中国人民银行与埃及中央银行续签规模为 180 亿元人民币 /410 亿埃及镑的双边本币互换协议。

3 月 11 日，中国人民银行会同国家外汇管理局发布《关于调整全口径跨境融资宏观审慎调节参数的通知》（银发〔2020〕64 号），将全口径跨境融资宏观审慎调节系数由 1 上调至 1.25。

5 月 7 日，中国人民银行与国家外汇管理局共同发布《境外机构投资者境内证券期货投资资金管理规定》（中国人民银行　国家外汇管理局公告〔2020〕第 2 号）。

5 月 20 日，中国人民银行与老挝银行签署规模为 60 亿元人民币 /7.6 万亿老挝基普的双边本币互换协议。

7 月 31 日，中国人民银行与巴基斯坦国家银行签署双边本币互换修订协议将互换规模扩大为 300 亿元人民币 /7 200 亿巴基斯坦卢比。

7 月 31 日，中国人民银行与智利中央银行签署双边本币互换修订协议将互换规模扩大为 500 亿元人民币 /56 000 亿智利比索。

7 月 31 日，中国人民银行与蒙古银行续签规模为 150 亿元人民币 /6 万亿蒙古图格里克的双边本币互换协议。

8 月 6 日，中国人民银行与阿根廷中央银行续签规模为 700 亿元人民币 /7 300 亿阿根廷比索的双边本币互换协议，同时签署规模为 600 亿元人民币的双边本币互换补充协议。

8 月 22 日，中国人民银行与新西兰储备银行续签规模为 250 亿元人民币（新西兰元互换规模按即期汇率计算）的双边本币互换协议。

9月17日，中国人民银行与匈牙利中央银行签署规模为400亿元人民币的双边本币互换补充协议。

9月25日，中国证券监督管理委员会、中国人民银行、国家外汇管理局联合发布《合格境外机构投资者和人民币合格境外机构投资者境内证券期货投资管理办法》(证监会　中国人民银行　国家外汇管理局令第176号)。

9月30日，中国人民银行与印度尼西亚银行签署《关于建立促进经常账户交易和直接投资本币结算合作框架的谅解备忘录》。

10月11日，中国人民银行与韩国银行签署双边本币互换展期与修订协议将互换规模扩大为4 000亿元人民币/70万亿韩元。

10月19日，中国人民银行与冰岛中央银行续签规模为35亿元人民币/700亿冰岛克朗的双边本币互换协议。

11月23日，中国人民银行与俄罗斯联邦中央银行续签规模为1 500亿元人民币/17 500亿俄罗斯卢布的双边本币互换协议。

11月23日，中国人民银行与香港金融管理局签署双边本币互换修订协议将互换规模扩大为5 000亿元人民币/5 900亿港元。

12月11日，中国人民银行会同国家外汇管理局调整跨境融资宏观审慎调节参数，将金融机构的跨境融资宏观审慎调节参数由1.25下调至1。

12月22日，中国人民银行与泰国银行续签规模为700亿元人民币/3 700亿泰铢的双边本币互换协议。

2021年

1月4日，中国人民银行会同国家发展和改革委员会、商务部、国务院国有资产监督管理委员会、中国银行保险监督管理委员会、国家外汇管理局联合发布《关于进一步优化跨境人民币政策支持稳外贸稳外资的通知》。

1月5日，中国人民银行、国家外汇管理局发布《关于调整境内企业境外放款宏观审慎调节系数的通知》，将境内企业境外放款的宏观审慎调节系数由0.3调至0.5。

1月6日，中国人民银行与卡塔尔中央银行续签规模为350亿元人民币/208亿里亚尔的双边本币互换协议。

1月7日，中国人民银行与加拿大银行续签规模为2 000亿元人民币（加拿大元互换规模按即期汇率计算）的双边本币互换协议。

1 月 7 日，中国人民银行会同国家外汇管理局发布《关于调整企业跨境融资宏观审慎调节参数的通知》，将企业跨境融资宏观审慎调节参数由 1.25 下调至 1。

1 月 27 日，中银香港推出中国香港人民币央票回购做市机制。

3 月 1 日，中国人民银行与柬埔寨国家银行签署双边本币合作协议，将本币结算范围扩大至两国已放开的所有经常和资本项下交易。

3 月 12 日，中国人民银行、国家外汇管理局决定在深圳、北京开展跨国公司本外币一体化资金池业务首批试点。

3 月 19 日，中国人民银行与斯里兰卡中央银行续签规模为 100 亿元人民币 /3 000 亿斯里兰卡卢比的双边本币互换协议。

6 月 4 日，中国人民银行与土耳其共和国中央银行签署双边本币互换修订协议将互换规模扩大为 350 亿元人民币 /460 亿土耳其里拉。

6 月 9 日，中国人民银行与尼日利亚中央银行续签规模为 150 亿元人民币 /9 670 亿尼日利亚奈拉的双边本币互换协议。

7 月 6 日，中国人民银行与澳大利亚储备银行续签规模为 2 000 亿元人民币 /410 亿澳大利亚元的双边本币互换协议。

7 月 12 日，中国人民银行与马来西亚银行续签规模为 1 800 亿元人民币 /1 100 亿马来西亚林吉特的双边本币互换协议。

7 月 13 日，中国人民银行与巴基斯坦国家银行续签规模为 300 亿元人民币 /7 300 亿巴基斯坦卢比的双边本币互换协议。

8 月 20 日，中国人民银行与智利中央银行续签规模为 500 亿元人民币 /60 000 亿智利比索的双边本币互换协议。

9 月 6 日，中国人民银行与印度尼西亚银行正式启动中国印尼本币结算合作框架。

9 月 10 日，粤港澳三地同时发布《粤港澳大湾区“跨境理财通”业务试点实施细则》。

9 月 13 日，中国人民银行与南非储备银行续签规模为 300 亿元人民币 /680 亿南非兰特的双边本币互换协议。

9 月 15 日，中国人民银行、香港金融管理局发布联合公告，开展内地与香港债券市场互联互通南向合作，人民银行发布《关于开展内地与香港债券市场互联互通南向合作的通知》。

10 月 25 日，中国人民银行与日本银行续签规模为 2 000 亿元人民币 /34 000 亿日元的双边本币互换协议。

10 月 29 日，富时罗素公司正式宣布将中国国债纳入富时世界国债指数（WGBI）。

11 月 12 日，中国人民银行与英格兰银行续签规模为 3 500 亿元人民币 /400 亿英镑的双边本币互换协议。

12 月 10 日，人民币跨境收付信息管理二代系统上线试运行。

12 月 23 日，中国人民银行、国家外汇管理局发布《关于支持新型离岸国际贸易发展有关问题的通知》，鼓励银行优化金融服务，为诚信守法企业开展真实、合规的新型离岸国际贸易提供跨境资金结算便利。

2022 年

1 月 21 日，中国人民银行与印度尼西亚银行续签规模为 2 500 亿元人民币 /550 万亿印度尼西亚卢比的双边本币互换协议。

1 月 29 日，中国人民银行、国家外汇管理局发布《关于银行业金融机构境外贷款业务有关事宜的通知》，进一步支持和规范境内银行开展境外贷款业务。

2 月 16 日，中国人民银行与阿尔巴尼亚银行续签规模为 20 亿元人民币 /330 亿阿尔巴尼亚列克的双边本币互换协议。

5 月 11 日，国际货币基金组织执董会完成了五年一次的特别提款权（SDR）定值审查，将人民币权重由 10.92% 上调至 12.28%，人民币权重仍保持第三位。执董会决定，新的 SDR 货币篮子在 2022 年 8 月 1 日正式生效。

5 月 26 日，中国人民银行会同商务部、国家外汇管理局发布《关于支持外经贸企业提升汇率风险管理能力的通知》，推动人民币跨境使用、支持外经贸企业规避货币错配风险，鼓励提升货物贸易项下人民币跨境收付规模和比例。

5 月 27 日，中国人民银行、中国证券监督管理委员会、国家外汇管理局发布联合公告〔2022〕第 4 号（关于进一步便利境外机构投资者投资中国债券市场有关事宜），统筹进一步推进银行间和交易所债券市场对外开放。

6 月 6 日，中国人民银行与土耳其共和国中央银行续签规模为 350 亿元人民币 /850 亿土耳其里拉的双边本币互换协议。

6 月 20 日，中国人民银行印发《关于支持外贸新业态跨境人民币结算的通知》，支持银行和支付机构更好服务外贸新业态发展。

7 月 1 日，中国人民银行与香港金融管理局签署常备互换协议，并将双边本币互换规模扩大至 8 000 亿元人民币 /9 400 亿港元。

7 月 4 日，中国人民银行、香港证券及期货事务监察委员会、香港金融管理局发布联合公告，宣布内地与香港利率互换市场互联互通合作（简称“互换通”）启动建设，便利境外投资者参与境内人民币利率互换市场，支持构建高水平金融开放格局。

7 月 13 日，中国人民银行与新加坡金融管理局续签规模为 3 000 亿元人民币 /650 亿新加坡元的双边本币互换协议。

7 月 18 日，中国人民银行、国家外汇管理局决定在上海、广东、陕西、北京、浙江、深圳、青岛、宁波等地开展第二批跨国公司本外币一体化资金池试点。

9 月 7 日，中国人民银行与老挝银行签署了在老挝建立人民币清算安排的合作备忘录；20 日，中国人民银行授权中国工商银行万象分行担任老挝人民币业务清算行。

9 月 19 日，中国人民银行与哈萨克斯坦中央银行签署了在哈萨克斯坦建立人民币清算安排的合作备忘录；23 日，中国人民银行授权中国工商银行（阿拉木图）股份公司担任哈萨克斯坦人民币业务清算行。

9 月 23 日，中国人民银行与中国银行澳门分行续签人民币业务清算协议。

10 月 8 日，中国人民银行与欧洲中央银行续签规模为 3 500 亿元人民币 /450 亿欧元的双边本币互换协议。

10 月 25 日，中国人民银行、国家外汇管理局决定将企业和金融机构的跨境融资宏观审慎调节参数从 1 上调至 1.25，进一步完善全口径跨境融资宏观审慎管理，增加企业和金融机构跨境资金来源，引导其优化资产负债结构。

11 月 2 日，中国人民银行与巴基斯坦中央银行签署了在巴基斯坦建立人民币清算安排的合作备忘录；15 日，中国人民银行授权中国工商银行卡拉奇分行担任巴基斯坦人民币业务清算行。

12 月 2 日，中国人民银行会同国家外汇管理局发布《关于境外机构境内发行债券资金管理有关事宜的通知》，完善境外机构境内发行债券资金管理要求，进一步便利境外机构在境内债券市场融资。

12 月 5 日，中国人民银行与澳门金融管理局续签规模为 300 亿元人民币 /340 亿澳门元的双边本币互换协议。

12 月 10 日，中国人民银行与匈牙利中央银行续签规模为 400 亿元人民币 /22 000 亿匈牙利福林的双边本币互换协议。

2023 年

1 月 11 日，中国人民银行会同商务部发布《关于进一步支持外经贸企业扩大人民币跨境使用 促进贸易投资便利化的通知》，进一步便利跨境贸易投资人民币使用，更好满足外经贸企业交易结算、投融资、风险管理等市场需求。

2 月 7 日，中国人民银行与巴西中央银行签署了在巴西建立人民币清算安排的合作备忘录；21 日，中国人民银行授权中国工商银行（巴西）股份有限公司担任巴西人民币业务清算行。

2 月 20 日，中国人民银行与埃及中央银行续签规模为 180 亿元人民币 /807 亿元埃及镑的双边本币互换协议。

4 月 28 日，中国人民银行发布《内地与香港利率互换市场互联互通合作管理暂行办法》（中国人民银行公告〔2023〕第 8 号）。

5 月 8 日，中国人民银行、国家外汇管理局决定在北京、广东、深圳开展试点，优化升级跨国公司本外币跨境资金集中运营管理政策，增大企业跨境资金运营自由度。

5 月 15 日，内地与香港利率互换市场互联互通合作正式上线运行。

6 月 9 日，中国人民银行与阿根廷中央银行续签规模为 1 300 亿元人民币 /4.5 万亿阿根廷比索的双边本币互换协议。

7 月 12 日，中国人民银行与老挝银行续签规模为 60 亿元人民币 /15.8 万亿老挝基普的双边本币互换协议。

7 月 20 日，为进一步完善全口径跨境融资宏观审慎管理，继续增加企业和金融机构跨境资金来源，引导其优化资产负债结构，中国人民银行、国家外汇管理局决定将企业和金融机构的跨境融资宏观审慎调节参数从 1.25 上调至 1.5。

7 月 31 日，中国人民银行与蒙古银行续签规模为 150 亿元人民币 /7.25 万亿蒙古图格里克的双边本币互换协议。

9 月 28 日，中国人民银行与国家金融监督管理总局、中国证券监督管理委员会、国家外汇管理局、香港金融管理局、香港证券及期货事务监察委员会、澳门金融管理局决定进一步优化粤港澳大湾区“跨境理财通”业务试点，稳妥有序推进粤港澳大湾区金融市场互联互通，支持大湾区建设。

后　记

为深入研究人民币国际化发展进程，2015 年以来，中国人民银行宏观审慎管理局（原货币政策二司）组织人员围绕人民币国际化发展情况编写并出版年度中英文双语报告，供国内外市场参与者和研究人士参考。报告涵盖人民币国际使用情况、相关政策及改革进展、全球主要离岸人民币市场情况、趋势展望等内容，并附有相关专栏介绍。

《人民币国际化报告（2023）》由中国人民银行宏观审慎管理局会同办公厅、货币政策司、金融市场司、支付结算司、货币金银局、外汇交易中心，以及中国人民银行天津市分行、黑龙江省分行、福建省分行、湖南省分行、四川省分行、陕西省分行跨境人民币业务相关工作人员共同撰写和翻译完成。期间，得到中国银行、汇丰银行、跨境银行间支付清算有限责任公司、上海期货交易所及中国金融出版社相关工作人员的大力支持。在此，对所有关心和支持本报告出版的朋友们表示衷心感谢。

由于水平有限，本报告的撰写和翻译难免有不当之处，恳请读者批评指正。

编　者

二〇二三年十月

KEY ABBREVIATIONS

AMCM	Monetary Authority of Macao
BIS	Bank for International Settlements
CFETS	China Foreign Exchange Trade System
CIBM	China Interbank Bond Market
CIPS	Cross-border Interbank Payment System
CPC	Communist Party of China
CSRC	China Securities Regulatory Commission
FX	Foreign Exchange
GBA	Guangdong-Hong Kong-Macao Greater Bay Area
HIBOR	Hong Kong Interbank Offered Rate
HKMA	Hong Kong Monetary Authority
HKSFC	Hong Kong Securities and Futures Commission
HKEX	Hong Kong Exchanges and Clearing Limited
IMF	International Monetary Fund
MAS	Monetary Authority of Singapore
MOFCOM	Ministry of Commerce
NAFR	National Administration of Financial Regulation
NDRC	National Development and Reform Commission
PBOC	People's Bank of China
SAFE	State Administration of Foreign Exchange
SAR	Special Administrative Region
SDR	Special Drawing Right
SHIBOR	Shanghai Interbank Offered Rate
SWIFT	Society for Worldwide Interbank Financial Telecommunications

PART ONE

Executive Summary

Since 2022, following the guidance of Xi Jinping Thought on Socialism with Chinese Characteristics for a New Era, the People's Bank of China (PBOC) has resolutely implemented the decisions and arrangements of the Communist Party of China (CPC) Central Committee and the State Council. Pursuing progress while ensuring stability, the PBOC has committed to reform and opening up for mutual benefit, coordinated development and security, and promoted RMB internationalization in an orderly manner to serve the creation of a new development dynamic and promote high-quality development. The internationalization of the RMB has been advancing steadily, presenting a series of new progress and changes.

The Capacity of Cross-border RMB Business to Serve the Real Economy Has Been Enhanced. The institutional arrangements of cross-border RMB business have been improved, accompanied by the strengthening of the RMB and foreign currency policy synergies. In addition, the self-generated momentum of business entities to use cross-border RMB settlement to hedge currency mismatch risks has also been enhanced. In 2022, the total amount of cross-border RMB settlement made by banks on behalf of their clients was RMB 42.1 trillion yuan, a year-on-year (yoy) increase of 15.1%. The amount of cross-border RMB settlement of trade in goods accounted for 18.2% of total cross-border settlement of trade in goods during the same period. In the first nine months of 2023, the cross-border RMB settlement amounted to RMB 38.9 trillion yuan, a yoy increase of 24%. The cross-border RMB settlement of trade in goods accounted for 24.4% of total cross-border settlement of trade in goods, up by 7 percentage points compared with the same period last year, recording the highest level in recent years.

The Financing Currency Function of the RMB Has Improved. With the successive introduction of policies on overseas lending by domestic banks and domestic bond issuance by overseas institutions, the environment for RMB investment and financing has continued to improve. At the end of 2022, the outstanding amount of RMB international debt securities published by the Bank for International Settlements (BIS) was 173.3 billion dollars, rising to seventh in ranking, up two places yoy. According to the statistics of the Society for Worldwide Interbank Financial Telecommunication (SWIFT), the RMB's share in global trade finance was 3.91% at the end of 2022, up by 1.9 percentage points yoy, ranking third. The share rose to 5.8% in September 2023, up 1.6 percentage points yoy, moving up to second.

Trading in Offshore RMB Markets Became More Active. In 2022, The PBOC and the Hong Kong Monetary Authority (HKMA) signed a standing swap agreement and expanded the size of the arrangement, which further deepened the financial cooperation between mainland China and the Hong Kong Special Administrative Region (SAR). Since 2022, new RMB clearing banks have been established in Laos, Kazakhstan, Pakistan, and Brazil successively, enabling the consistent optimization of overseas RMB clearing network. At the end of 2022, the RMB deposit balance in major offshore markets was about RMB 1.5 trillion yuan, returning to a record high. The BIS 2022 survey showed that the share of the RMB used in foreign exchange transactions in the global markets increased from 4.3% to 7% in the past three years, ranking up to fifth from eighth.

In the next stage, guided by Xi Jinping Thought on Socialism with Chinese Characteristics for a New Era, the PBOC will thoroughly implement the guidelines of the 20th National Congress of the CPC, and promote RMB internationalization in an orderly manner with a market-oriented approach and leaving choices to enterprises. Focusing on trade and investment facilitation, the PBOC will further improve the institutional and infrastructure arrangements for cross-border RMB investment and financing as well as transaction settlement, accelerate the transition of financial markets towards institutional opening-up, and build a more favorable investment environment. The PBOC will deepen bilateral currency cooperation, support the healthy development of offshore RMB markets, and facilitate a virtuous cycle of RMB usage between onshore and offshore markets. Meanwhile, the PBOC will improve the macroprudential management framework for cross-border capital flows integrating the RMB and foreign currencies, and enhance the capabilities of risk prevention and control while pursuing opening-up, thereby defending the bottom line whereby no systemic risks will occur.

PART TWO

International Use of the RMB Since 2022

Since 2022, the cross-border use of the RMB has continued to grow steadily. The share of the RMB in total cross-border settlement has further increased, and the overall balance of payments and receipts has been maintained.

I. Cross-border Use of the RMB

In 2022, the total amount of cross-border RMB settlement was RMB 42.1 trillion yuan, a yoy increase of 15.1%. Receipts totaled RMB 20.5 trillion yuan, a yoy increase of 10.9%, while payments totaled RMB 21.6 trillion yuan, a yoy increase of 19.5%. The ratio of receipt-to-payment was 1:1.05. In the first nine months of 2023, the amount of cross-border RMB settlement was RMB 38.9 trillion yuan, a yoy increase of 24.4%. According to the statistics of SWIFT, the RMB's share as a global payments currency stood at 2.15% in December 2022. This share has risen every month since February 2023 to hit 3.71% in September 2023, and remained fifth.

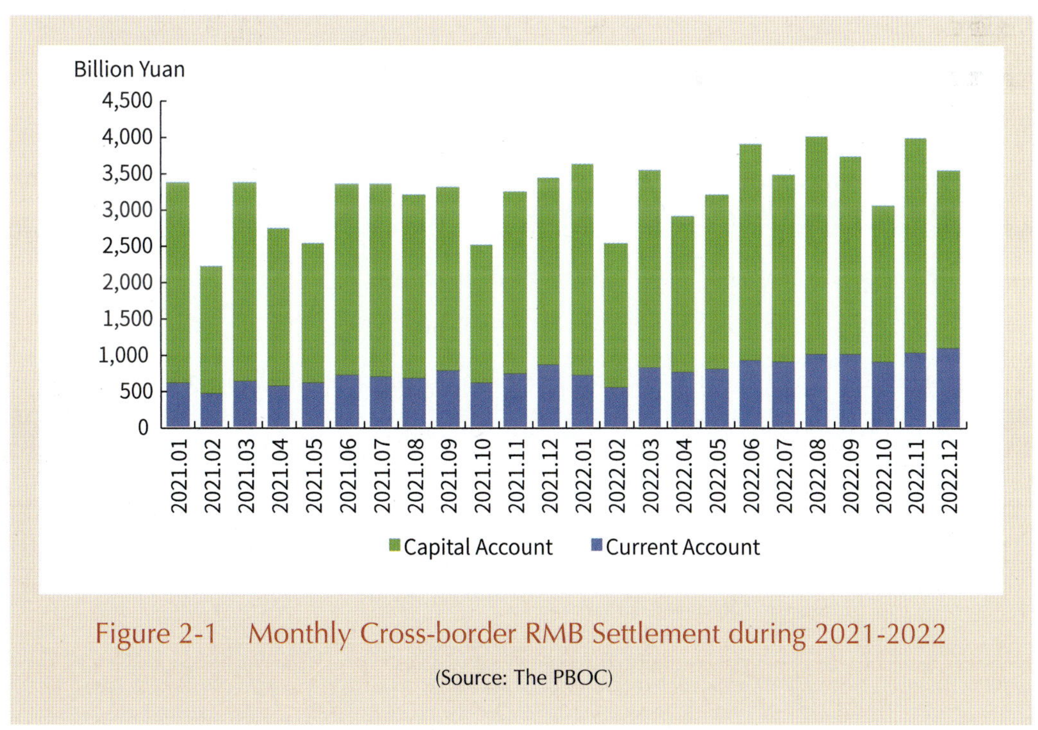

Figure 2-1 Monthly Cross-border RMB Settlement during 2021-2022

(Source: The PBOC)

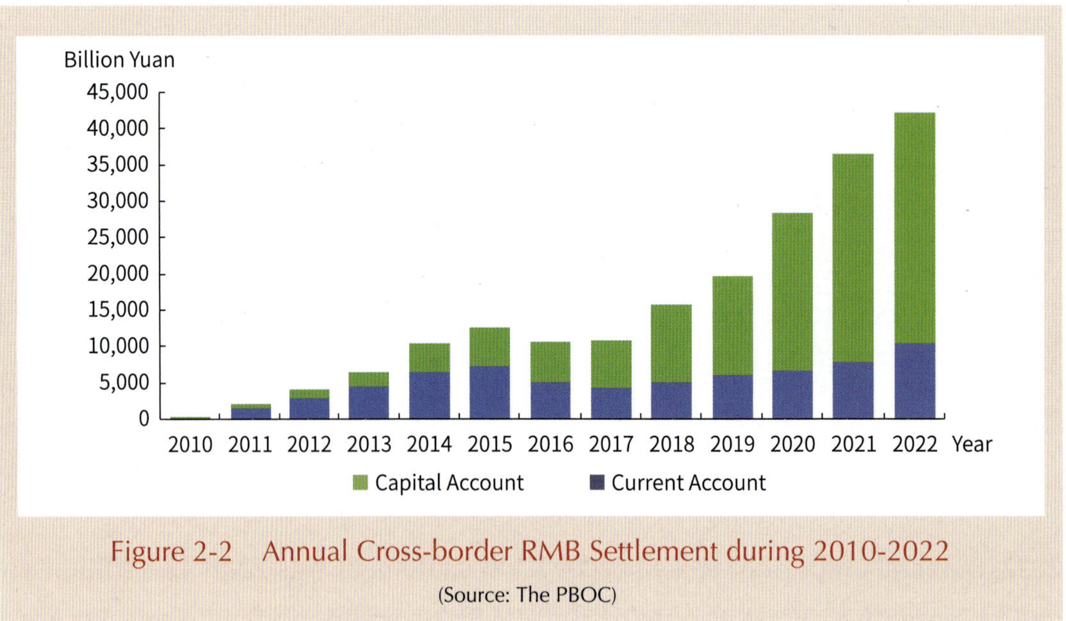

Figure 2-2 Annual Cross-border RMB Settlement during 2010-2022

(Source: The PBOC)

Box 1 Currency Internationalization Composite Index

The PBOC set up a composite index for assessing the status of currency internationalization by referencing other currency internationalization indices and indicators used in the SDR review. At the end of 2022, the RMB internationalization composite index was 3.16, a yoy increase of 5.9%. During the same period, the index of major international currencies, namely the USD, the EUR, the GBP, and the JPY was 58.3, 22.18, 7.73, and 5.24 respectively. At the end of the first quarter of 2023, the RMB internationalization composite index was 3.26, a yoy increase of 10.2%. During the same period, the index of major international currencies, namely the USD, the EUR, the GBP, and the JPY was 57.68, 22.27, 7.66, and 5.48 respectively.

Table 2-1 The Currency Internationalization Composite Index Indicators

Primary Indicators	Secondary Indicators	Data Source
Payment	Share in Global Payment	SWIFT
Investment	Share in International Banking Sector's External Liabilities	BIS, State Administration of Foreign Exchange (SAFE)
	Share in Global Foreign Exchange Turnover	BIS

continued

Primary Indicators	Secondary Indicators	Data Source
Investment	Share in Foreign Exchange Spot Trading	SWIFT
	Share in Interest Rate Derivatives Market	BIS
Financing	Share in Global Trade Financing	SWIFT
	Share in International Banking Sector's External Claims	BIS, SAFE
	Share in International Bond Issuance	BIS
Reserve	Global Foreign Exchange Reserve Currency Composition	IMF

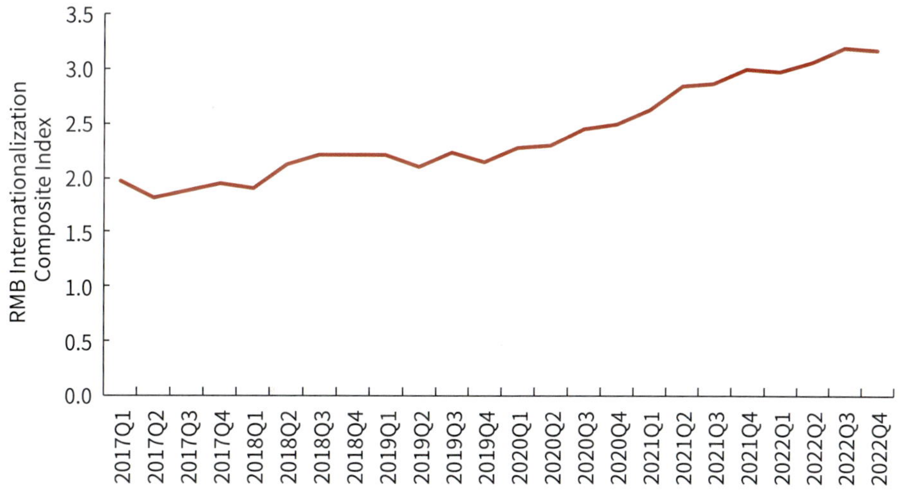

Figure 2-3 The Steady Uptrend of the International Status of the RMB

(Source: Society for Worldwide Interbank Financial Telecommunications, Bank for International Settlements,International Monetary Fund, and State Administration of Foreign Exchange)

Shanghai, Beijing, and Shenzhen continued to rank top 3 in terms of cross-border RMB settlement volume. In 2022, they each accounted for 46.4%, 21.4%, and 7.8% of the total cross-border RMB settlement nationwide. In 2022, there were 18 provinces (autonomous regions and municipalities directly under the central government) each having cross-border RMB settlement over RMB 200 billion yuan. 8 border provinces and autonomous regions shared aggregated RMB settlement of RMB 881.62 billion yuan, a yoy increase of 40.1%. In the first nine months of 2023, Shanghai, Beijing, and Shenzhen accounted for 43.6%, 20.9%, and 8.3% of the total RMB cross-border settlement nationwide, respectively.

Table 2-2 Cross-border RMB Settlement by Region in 2022

Unit: Billion Yuan, %

Ranking	Region	Current Account	Capital Account	Total	Share
1	Shanghai	2,263.84	17,270.39	19,534.23	46.4
2	Beijing	1,367.40	7,661.13	9,028.53	21.4
3	Shenzhen	1,096.79	2,178.78	3,275.57	7.8
4	Guangdong	1,328.21	1,300.97	2,629.18	6.2
5	Jiangsu	922.66	633.89	1,556.55	3.7
6	Zhejiang	749.07	459.60	1,208.67	2.9
7	Fujian	142.09	457.60	599.69	1.4
8	Shandong	316.05	168.37	484.42	1.1
9	Tianjin	190.25	151.66	341.91	0.8
10	Chongqing	276.99	49.03	326.02	0.8
Others		1,863.84	1,297.40	3,161.24	7.5
Total		10,517.19	31,628.82	42,146.01	100.0

Source: The PBOC.

In 2022, cross-border RMB settlement between the mainland of China and the Hong Kong SAR accounted for 50.3% of the total amount, ranking first. Singapore (10.3%), the United Kingdom (5.9%), and the Macao SAR (4.0%) ranked from second to fourth. The settlement of the top 10 countries and regions accounted for 82.5% of the total cross-border RMB settlement, up from 77.8% in 2021.

In 2022, cross-border RMB settlement between China and BRI (Belt and Road Initiative) participating countries registered RMB 7.1 trillion yuan, a yoy increase of 4.4%, accounting for 16.9% of the total cross-border RMB settlement. Among them, RMB 2.3 trillion yuan was for trade in goods, a yoy increase of 75.7%; RMB 230.75 billion yuan was for service trade, a yoy increase of 35.4%; and RMB 780.79 billion yuan was for direct investment, a yoy increase of 13.9%. In the first nine months of 2023, cross-border RMB settlement between China and BRI participating countries totaled RMB 6.5 trillion yuan, a yoy increase of 19%, accounting for 16.7% of the total cross-border RMB settlement.

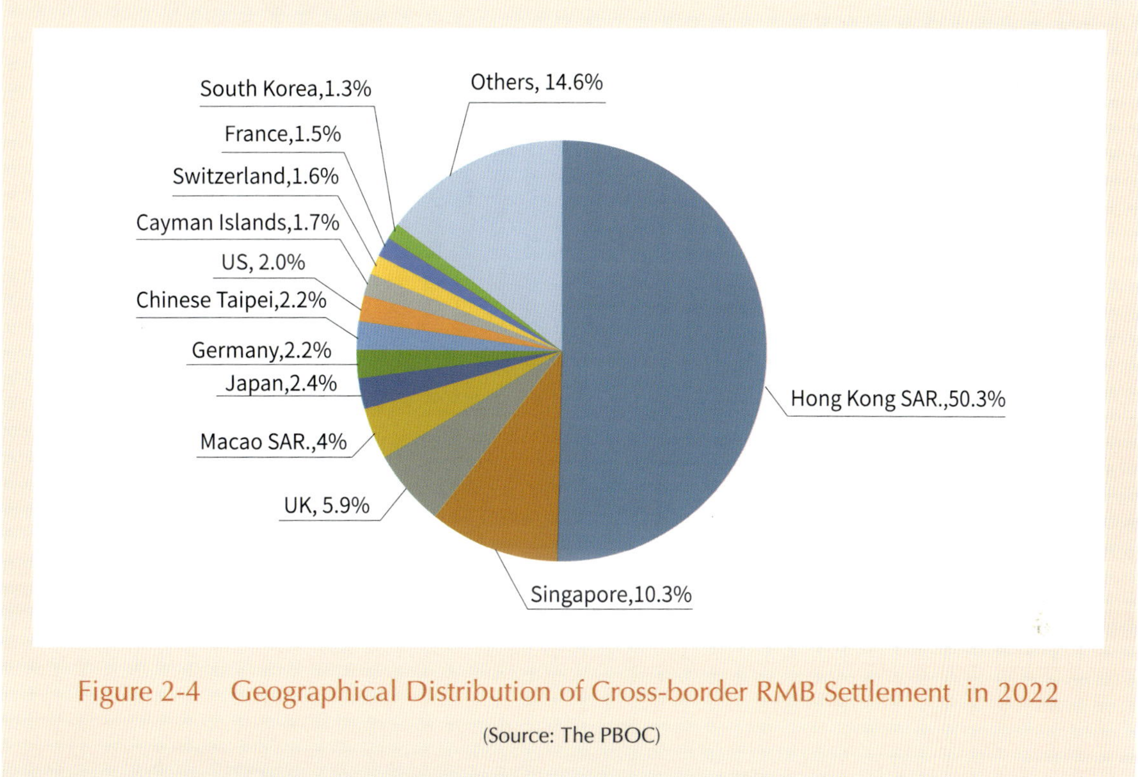

Figure 2-4 Geographical Distribution of Cross-border RMB Settlement in 2022

(Source: The PBOC)

By the end of September 2023, China had signed bilateral local currency swap agreements with 30 BRI participating countries and established RMB clearing arrangements in 17 BRI participating countries.

II. Use of the RMB in Current Account Transactions

In 2022, cross-border RMB settlement under the current account grew by 32.3% yoy to RMB 10.5 trillion yuan, of which the receipts amounted to RMB 5.5 trillion yuan, increasing by 53.4% yoy, and the payments reached RMB 5 trillion yuan, increasing by 14.8% yoy. In 2022, the cross-border RMB settlement under the current account comprised 20.7% of the total cross-border settlement. In the first nine months of 2023, the cross-border RMB settlement volume under the current account increased by 35.3% yoy to RMB 10.2 trillion yuan.

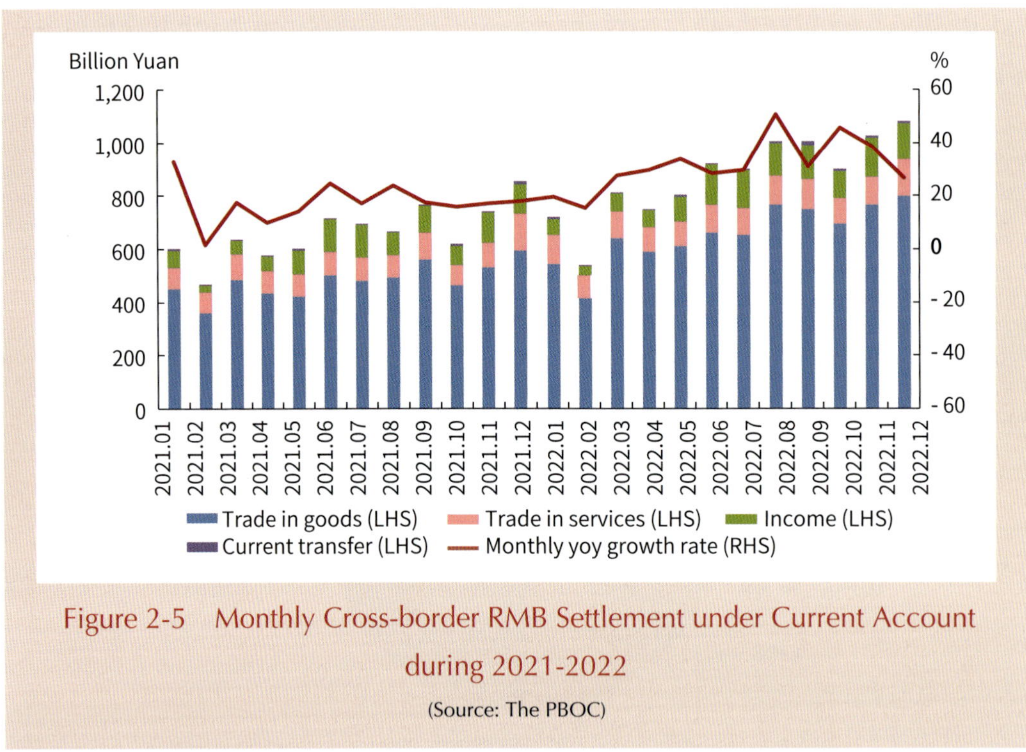

Figure 2-5 Monthly Cross-border RMB Settlement under Current Account during 2021-2022

(Source: The PBOC)

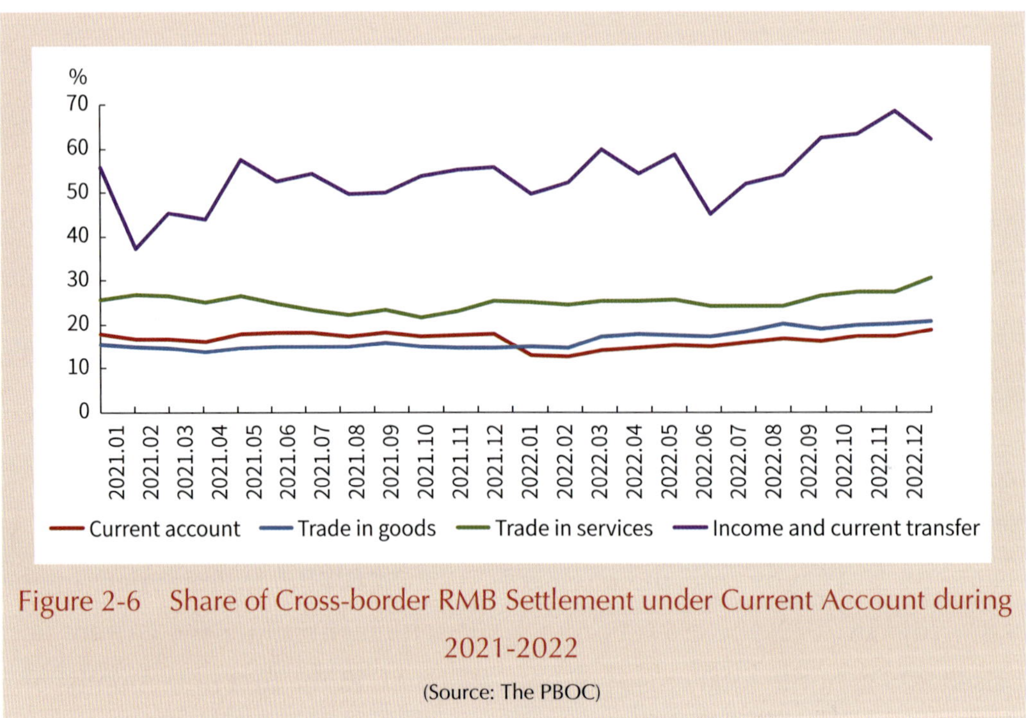

Figure 2-6 Share of Cross-border RMB Settlement under Current Account during 2021-2022

(Source: The PBOC)

1. Trade in Goods

In 2022, the total amount of the cross-border RMB settlement of trade in goods reached RMB 7.9 trillion yuan, a yoy increase of 37.2%, accounting for 18.2% of the total cross-border settlement of trade in goods during the same period, 3.5 percentage points higher than that in 2021. Among them, the cross-border RMB settlement of general trade reached a value of RMB 5 trillion yuan, a yoy increase of 30.3%, while that of imported materials processing trade reached RMB 1.5 trillion yuan, a yoy increase of 52.7%. In the first nine months of 2023, the cross-border RMB settlement of trade in goods amounted to RMB 7.7 trillion yuan, a yoy increase of 36.6%, accounting for 24.4% of the total cross-border settlement of trade in goods during the same period, 6.2 percentage points higher than 2022.

2. Trade in Services

In 2022, cross-border RMB settlement of trade in services totaled RMB 1.2 trillion yuan, a yoy increase of 14.8%, accounting for 25.7% of total cross-border trade in services, 1.4 percentage points higher than that in 2021. In the first nine months of 2023, cross-border RMB settlement of trade in services registered RMB 1.1 trillion yuan, a yoy increase of 24.5%, accounting for 31.6% of total cross-border trade in services during the same period and an increase of 5.9 percentage points over the 2022 level.

3. Income and Current Transfers

In 2022, cross-border RMB settlement of income amounted to RMB 1.3 trillion yuan, a yoy increase of 24.3%, while that of current transfers amounted to RMB 90.2 billion yuan, a yoy increase of 17.5%. Cross-border RMB settlement of income and current transfers accounted for 56.8% of the total settlement amount under this category, 5 percentage points higher than that in 2021. In the first nine months of 2023, cross-border RMB settlement of income and current transfers totaled RMB1.3 trillion yuan, a yoy increase of 37.6%, accounting for 65.1% of the total settlement amount under this category, 8.3 percentage points higher than that in 2022.

Box 2 The Capacity of Cross-border RMB Business to Serve the Real Economy Has Been Enhanced

In recent years, with the growth of China's economy and the continuous deepening of reform and opening-up, the demands for RMB cross-border payments and settlements, RMB investment and financing by domestic and foreign business entities have been increasing. The PBOC has attached great importance to the market demands and responded proactively. To serve the building of a new development dynamic and promote trade and investment facilitation, the PBOC, joined by the Ministry of Commerce (MOFCOM) and the SAFE, has been improving the institutional infrastructure for cross-border RMB settlement of trade, investment and financing, and made efforts to enhance the convenience of using the RMB in cross-border trade and investment, thereby further supporting cross-border RMB business in serving the real economy.

The PBOC, jointly with the SAFE, has enhanced the cross-border RMB policy support to new forms and models of foreign trade, including new types of offshore international trade and cross-border e-commerce, facilitating cross-border RMB settlement for new forms of offshore international trade including transit trade, global sourcing, overseas contract manufacturing, overseas procurement for construction contract, etc. The PBOC has supported and standardized the offshore lending business of banks, and prioritized the use of local currency via setting differentiated macroprudential parameters as well as encouraging the issuance of RMB loans. Working with the SAFE, the PBOC expanded the pilot cash pooling scheme integrating the RMB and foreign currency management for multinational corporations, further facilitating the integrated allocation of funds in China and abroad by multinationals. In addition, the PBOC has orderly carried out pilot schemes of facilitating RMB settlement of trade and investment at a higher level, and encouraged banks to include more high-quality enterprises and large-sized key foreign trade companies in the coverage of the facilitation measures. The PBOC has also guided banks to simplify business processes, provide high-quality cross-border RMB financial services, and improve the time-efficiency of cross-border RMB business handling. In the first nine months of 2023, the RMB's share in total cross-border settlement of trade in goods increased to 24.4%, up by 7 percentage points from the same period last year.

In the next stage, the PBOC will continue to focus on trade and investment facilitation based on a market-oriented approach by leaving choices to enterprises; further consolidate the institutional infrastructure for cross-border RMB investment and financing, and transaction settlement; continue to promote the cross-border RMB business in serving the real economy, so as to better support business entities' cross-border trade and investment in the RMB by making the RMB more convenient to use.

III. Use of the RMB in Capital Account Transactions

In 2022, cross-border RMB settlement under the capital account totaled RMB 31.7 trillion yuan, a yoy increase of 10.4%. Receipts amounted to RMB 15 trillion yuan, a yoy increase of 0.5%, while payments totaled RMB 16.7 trillion yuan, a yoy increase of 21%. Cross-border RMB settlement of direct investment, portfolio investment, and cross-border financing, accounted for 20.4%, 74.5%, and 3.1% of the total amount of settlement under the capital account, respectively. In the first nine months of 2023, cross-border RMB settlement under the capital account totaled RMB 28.8 trillion yuan, a yoy increase of 19.8%.

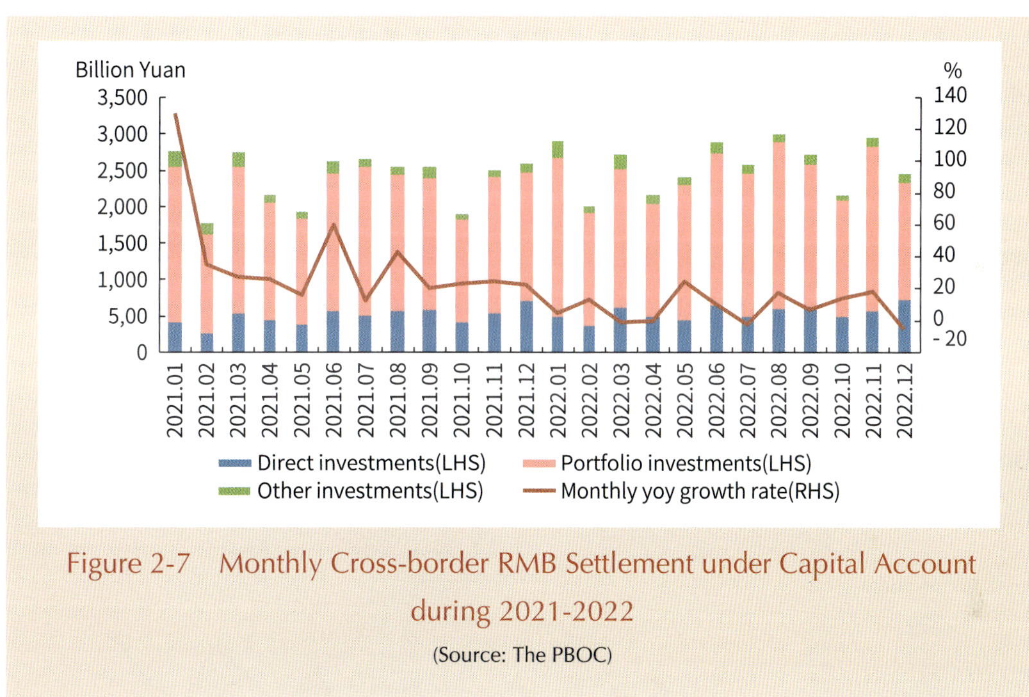

Figure 2-7 Monthly Cross-border RMB Settlement under Capital Account during 2021-2022

(Source: The PBOC)

1. Direct Investment

In 2022, cross-border RMB settlement for direct investments amounted to RMB 6.5 trillion yuan, a yoy increase of 11.3%. Among them, the amount of outbound direct investment (ODI) settlement was RMB 1.9 trillion yuan, a yoy increase of 17%, and the amount of foreign direct investment (FDI) settlement reached RMB 4.5 trillion yuan, a yoy increase of 9.1%. In the first nine months of 2023, cross-border RMB settlement for direct investment totaled RMB 5.6 trillion yuan, a yoy increase of 19.2%.

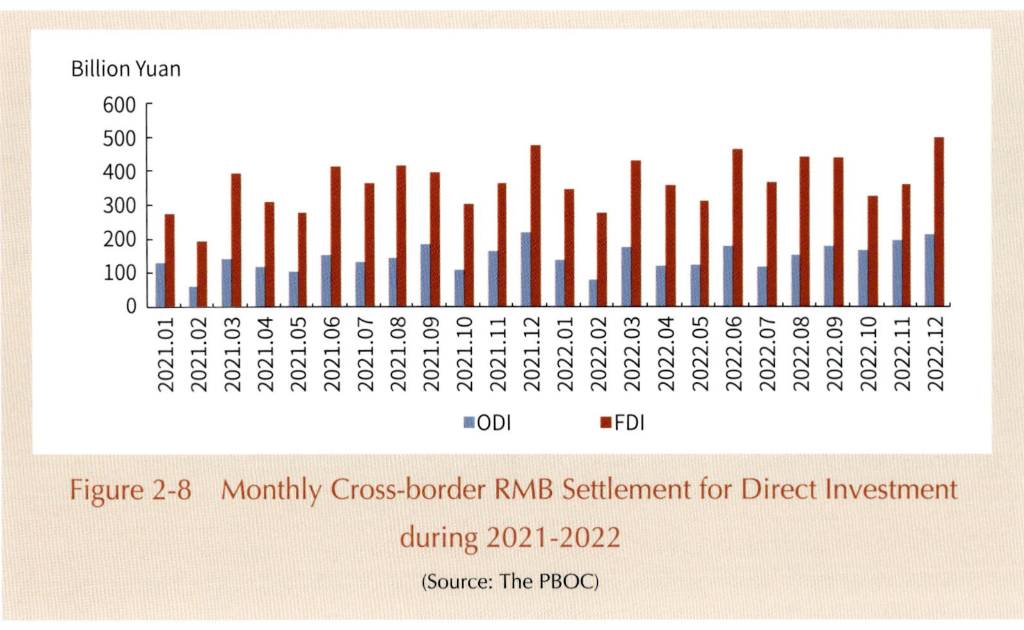

Figure 2-8 Monthly Cross-border RMB Settlement for Direct Investment during 2021-2022

(Source: The PBOC)

2. Cross-border RMB Cash Pooling Business

At the end of 2022, there was a total of 3,512 cross-border RMB cash pools nationwide. In 2022, cross-border RMB settlement under the cash pooling business amounted to RMB 4.6 trillion yuan, an increase of 20.8% yoy. In the first nine months of 2023, the cross-border RMB settlement under the cash pooling business amounted to RMB 4.6 trillion yuan.

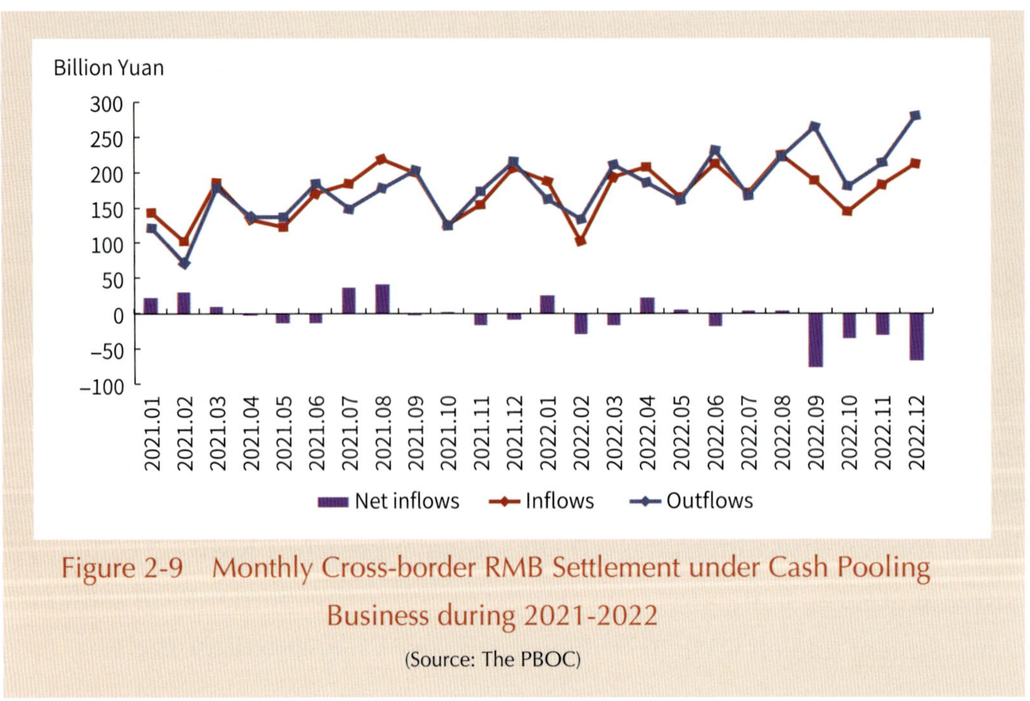

Figure 2-9 Monthly Cross-border RMB Settlement under Cash Pooling Business during 2021-2022

(Source: The PBOC)

3. Panda Bonds

At the end of 2022, the issuers of Panda Bonds included government-linked organizations, international development agencies, financial institutions, and non-financial enterprises, with cumulative issuances of RMB 630.8 billion yuan. In 2022, there were 52 Panda Bonds issued through China Interbank Bond Market (CIBM) and stock exchanges, with total issuances of RMB 85.07 billion yuan. In the first nine months of 2023, there were 66 Panda Bonds issued through the CIBM and stock exchanges, with total issuances of RMB 118.2 billion yuan.

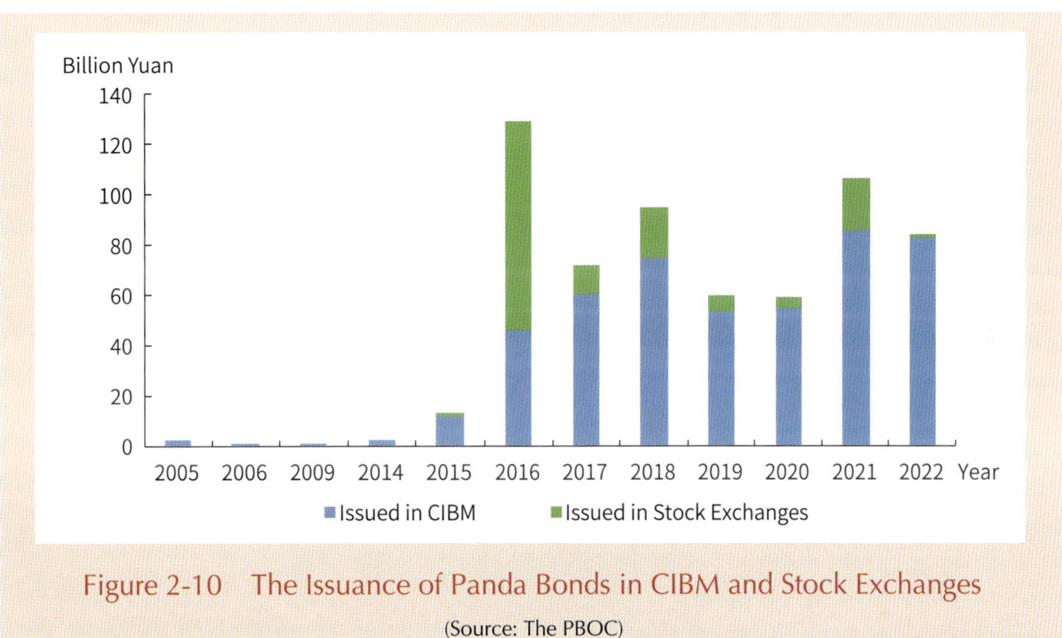

Figure 2-10 The Issuance of Panda Bonds in CIBM and Stock Exchanges

(Source: The PBOC)

Box 3 Panda Bonds Steadily Enhance the Use of the RMB as a Financing Currency

In recent years, along with the increase in scale and further opening-up of China's bond market, the convenience and standardization for overseas institutions' bond issuance in China have been increasingly optimized. In December 2022, the PBC and the SAFE jointly issued the Notice on Matters Concerning the Proceeds Management for Yuan-Denominated Bonds Issued by Overseas Issuers in China, unified the fund management rules of "Panda Bonds" issued in the interbank bond market and the stock exchange bond market, promoted the integrated management of the RMB and foreign currencies, and further enhanced the convenience for overseas institutions to raise funds in China's bond markets. In an environment of significant interest rate hikes in major developed economies, the financing cost of the RMB has thereby been reduced. By the end of September 2023, a total of 454 Panda bonds had been issued by overseas institutions in China's bond markets with a cumulative volume of RMB 755.92 billion yuan, of which, the issuance in 2022 was RMB 85.07 billion yuan, and the issuance for the first nine months of 2023 was RMB 118.2 billion yuan, a yoy increase of 56.8%.

The Panda Bonds market presented the following features: Firstly, the issuance took place primarily through the interbank market. In 2022, the issuances in the interbank bond market were RMB 82.5 billion yuan, accounting for 97.0% of the total. In the first nine months of 2023, the proportion reached 97.2%. Secondly, the willingness of non-financial enterprises to issue Panda Bonds has grown. In 2022, non-financial enterprises accounted for 80.0% of overseas issuers. This upward trend continued in the first nine months of 2023, rising to 89.3%. Thirdly, the maturities were mainly for 3 years or less. In 2022, the Panda Bonds issuances with maturities of 3 years or less reached RMB 80.87 billion yuan, accounting for 95.1% of the total issuances. Among them, short-term bonds with maturities less than or equal to 1 year accounted for 39.8%. In the first nine months of 2023, the issuance of Panda Bonds with maturities of 3 years and less reached RMB 111.7 billion yuan, accounting for 94.5% of the total, among which the short-term bonds with maturities less than or equal to 1 year accounted for 43.5%.

In the next stage, the PBOC will further promote the development of the Panda Bonds market, enhance the breadth and depth of China's bond market, continue to pursue a high-level two-way opening-up of the bond market in a steady and orderly manner, and optimize the policy environment for cross-border RMB investment and financing, so as to better serve the development of the real economy.

4. Portfolio Investment

In 2022, cross-border RMB settlement of portfolio investment totaled RMB 23.6 trillion yuan, a yoy increase of 10.9%. In the first nine months of 2023, cross-border RMB settlement of portfolio investment totaled RMB 21.6 trillion yuan, a yoy increase of 19.7%.

Bond Investment. At the end of 2022, there was a total of 1,071 foreign institutions investing in CIBM, of which 526 were via direct access, 784 via the Bond Connect, and 239 via both channels. The RMB cross-border settlement of bond investment totaled RMB 17.7 trillion yuan in 2022, and RMB 16.7 trillion yuan in the first nine months of 2023.

Stock Investment. In 2022, cross-border RMB settlement via the Shanghai-Hong Kong Stock Connect and the Shenzhen-Hong Kong Stock Connect totaled RMB 1.6 trillion yuan. In the first nine months of 2023, cross-border RMB settlement via these schemes totaled RMB 1.4 trillion yuan.

Qualified Foreign Institutional/ RMB Qualified Foreign Institutional Investors (QFII/RQFII). Cross-border RMB settlement under QFII/RQFII totaled RMB 3.6 trillion yuan in 2022, and RMB 2.9 trillion yuan in the first nine months of 2023.

Cross-boundary Wealth Management Connect. At the end of 2022, there were more than forty thousand residents in the Guangdong-Hongkong-Macao Greater Bay Area (GBA) and 64 banks participating in the Cross-boundary Wealth Management Connect pilot scheme, with cross-border RMB settlement reaching RMB 2.22 billion yuan. The cumulative net inward remittance via Northbound reached RMB 290 million yuan, and the cumulative net outward remittance via Southbound was RMB 390 million yuan. In the first nine months of 2023, the cross-border RMB settlement of the wealth management connect scheme totaled RMB 5.16 billion yuan. In September 2023, the PBOC, the National Administration of Financial Regulation (NAFR), the China Securities Regulatory Commission (CSRC), the SAFE, the HKMA, the Hong Kong Securities and Futures Commission (HKSFC), and the Monetary Authority of Macao (AMCM) jointly decided to further enhance the Cross-boundary Wealth Management Connect pilot scheme in the GBA. In the next step, joint efforts will be made to revise and refine the relevant implementation rules or operational guidelines, in order to implement as soon as practicable.

Table 2-3 Domestic RMB Financial Assets Held by Overseas Entities

Unit: Billion Yuan

Instruments	Dec.2021	Mar. 2022	Jun.2022	Sep.2022	Dec.2022
Stocks	3,941.99	3,186.04	3,574.16	3,028.54	3,195.99
Bonds	4,090.45	3,958.68	3,645.31	3,477.07	3,458.24
Loans	1,137.23	1,189.63	1,173.18	1,153.14	1,222.37
Deposit	1,660.02	1,471.94	1,672.73	1,853.53	1,741.82
Total	10,829.69	9,806.29	10,065.38	9,512.28	9,618.42

Source: The PBOC.

5. Other Investments

In 2022, cross-border RMB settlement under other investment categories, such as cross-border financing and overseas lending, reached RMB 1.6 trillion yuan, a yoy decrease of 0.6%. In the first nine months of 2023, cross-border RMB settlement under other investment categories totaled RMB 1.6 trillion yuan, a yoy increase of 22.9%.

IV. RMB-denominated Commodity Trading

In 2022, cross-border RMB settlement for commodity trading maintained a relatively rapid growth. Cross-border RMB settlement for major commodities amounted to RMB 985.73 billion yuan, among which cross-border RMB settlement for green energy metals was RMB 162.36 billion yuan. In the first nine months of 2023, cross-border RMB settlement for major commodities amounted to RMB 1.5 trillion yuan.

At present, there are 23 varieties of international standardized futures and options products listed in China, including crude oil, iron ore, and purified terephthalic acid (PTA). Overseas traders have been introduced to provide pricing benchmarks for commodity trading settlement in the RMB. Shanghai crude oil futures and Dalian iron ore futures grew rapidly in terms of volume and open interest. In 2022, the total volume of crude oil futures in the Shanghai Futures Exchange was 53.581 million lots, with an average daily volume of 221,000 lots and an average daily open interest of 69,000 lots. Shanghai crude oil futures have become the world's third-largest crude oil futures after the U.S. West Texas Intermediate Base Crude (WTI Crude) and the U.K. Brent Crude futures. The total volume of iron ore futures in the Dalian Commodity Exchange was 220 million lots, with an average daily volume of 913,000 lots and an average daily open interest of 1.182 million lots.

V. Use of the RMB in Domestic Foreign Exchange Market

Trading entities in China interbank foreign exchange (FX) market have been diversified. At the end of 2022, there were 782 members in RMB/FX spot market, 292 in RMB/FX forward market, 283 in RMB/FX swap market, 233 in RMB/FX cross currency swap market, 168 in RMB/FX option market, and 25 RMB/FX market makers.

China interbank foreign exchange market operated smoothly, and the product structure was further improved. The annual volume of RMB/FX trading was equivalent to USD 28.7 trillion, a yoy decrease of 8.3%, and the average daily volume was equivalent to USD 118.75 billion. Among them, RMB/FX spot transactions amounted to an equivalent of USD 8.3 trillion, a yoy decrease of 16.6%. RMB/FX swap transactions reached a volume equivalent to USD 19.3 trillion, a yoy decrease of 4.9%, among which overnight dollar swaps amounted to an equivalent of USD 12.6 trillion, taking 65% of the total swap volume. Currency swap amounted to an equivalent of USD 21.58 billion, a yoy decrease of 29.1%. RMB/FX forward transactions and option transactions amounted to an equivalent of USD 129.92 billion and USD 926.39 billion respectively, with a yoy increase of 19.3% and 3.7%.

In 2022, RMB transactions against non-USD foreign currencies grew steadily, with spot transactions amounting to RMB 2.1 trillion yuan, accounting for 3.7% of spot transactions in the interbank foreign exchange market, slightly down 0.4 percentage points from the previous year.

Table 2-4 Trading Volume of the RMB against Currencies in the Interbank Foreign Exchange Spot Market in 2022

Unit: 100 Million Yuan

Currency	USD	EUR	JPY	HKD	GBP	AUD	NZD
Trading Volume	542,148.4	14,395.8	2,614.8	2,352.7	362.6	318.5	95.1
Currency	SGD	CHF	CAD	MYR	RUB	ZAR	KRW
Trading Volume	103.6	152.4	288.7	4.9	41.9	1.4	46.5
Currency	AED	SAR	PLN	DKK	SEK	NOK	TRL
Trading Volume	1.6	33.2	0.3	6.8	19.9	5.4	1.1

continued

Currency	THB	IDR(Regional Trade)					
Trading Volume	22.2	19.2					

Source: China Foreign Exchange Trade System (CFETS).

VI. The RMB as an International Reserve Currency

According to the IMF statistics, at the end of 2022, the volume of RMB reserves held by global central banks amounted to USD 298.4 billion, accounting for 2.69% of global foreign exchange reserves, up 1.62 percentage points from 2016 when the RMB was first included in the SDR currency basket, and ranking fifth among major reserve currencies. According to incomplete statistics, more than 80 overseas central banks or monetary authorities have held RMB reserves.

VII. Cross-border Circulation of RMB Banknotes

In 2022, due to the impact of the COVID-19 pandemic, overseas RMB clearing banks and participating banks had less demand for RMB banknotes, and the volume of cross-border transportation of RMB banknotes declined accordingly. The cross-border transportation of RMB banknotes by RMB clearing banks in the Hong Kong SAR, the Macao SAR, the Chinese Taipei, and Singapore totaled RMB 4.62 billion yuan. The total cross-border transportation of RMB banknotes by the RMB participating banks in neighboring countries was RMB 150 million yuan.

VIII. RMB Cross-border Interbank Payment System

In 2022, the RMB Cross-border Interbank Payment System (CIPS) operated smoothly, handling a total of 4.4 million cross-border RMB transactions with an overall value of RMB 96.7 trillion yuan, a yoy increase of 31.7% and 21.5% respectively. It processed an average of 17,671 transactions with a value of RMB 388.35 billion yuan on a daily basis. By the end of 2022, a total of 1,360 domestic and foreign institutions linked with CIPS directly or indirectly, of which 77 institutions were direct participants and 1,283 institutions were indirect participants.

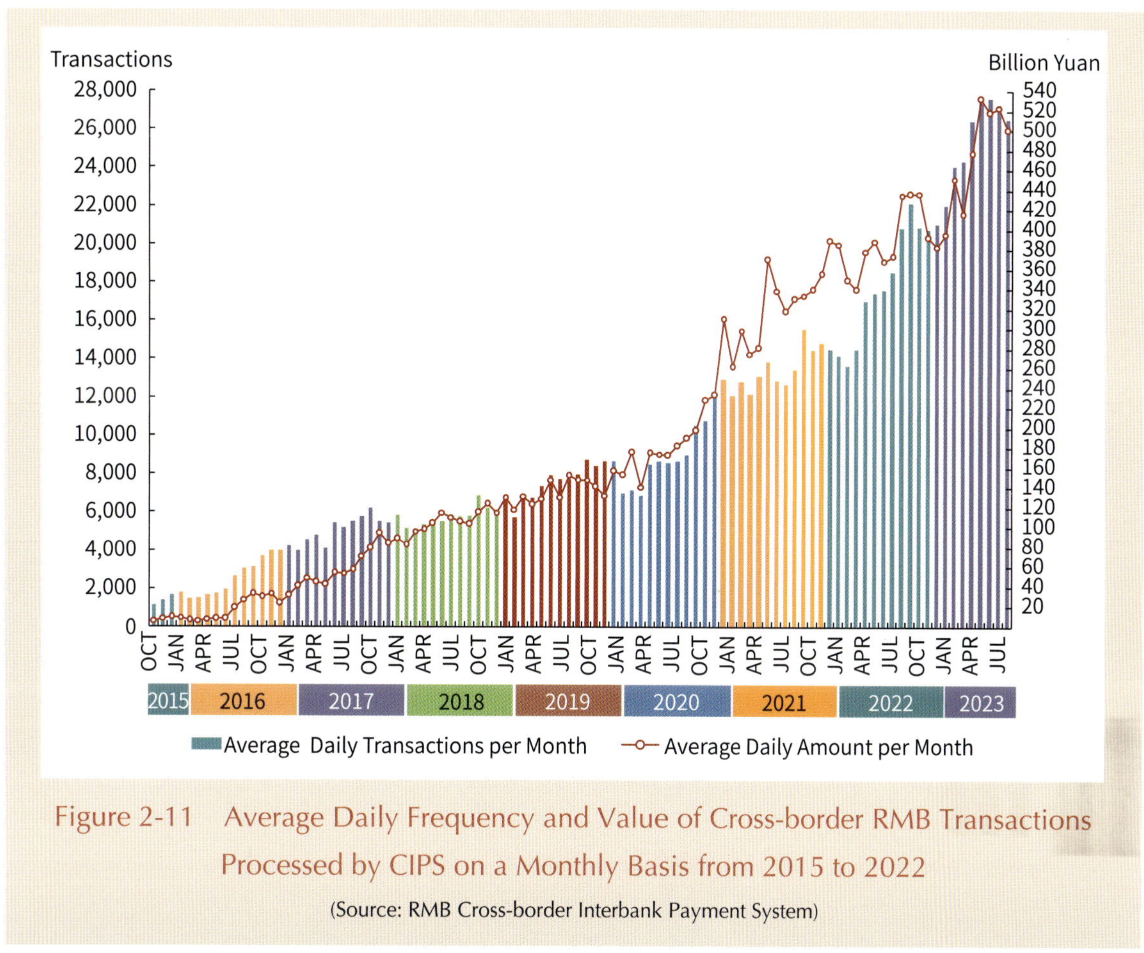

Figure 2-11 Average Daily Frequency and Value of Cross-border RMB Transactions Processed by CIPS on a Monthly Basis from 2015 to 2022

(Source: RMB Cross-border Interbank Payment System)

IX. Central Bank Cooperation

1. Bilateral Local Currency Settlement

Since the launch of the China-Indonesia Local Currency Settlement (LCS) cooperation framework in September 2021, the business has been running smoothly and the market has been active. By the end of 2022, an accumulative amount of RMB 8.19 billion yuan of cross-border RMB settlement and an accumulative amount of RMB 3 billion yuan of CNY/IDR transactions had been completed under the China-Indonesia LCS cooperation framework. In 2022, CNY/IDR ranked 16th out of 28 currency pairs between the RMB and other currencies listed in the interbank foreign exchange market.

2. Bilateral Local Currency Swap

In 2022, the PBOC and the HKMA upgraded the local currency swap agreement to a long-standing arrangement, which is effective for the long-term. In 2022, the PBOC renewed bilateral local currency swap agreements with central banks or monetary authorities of 7 countries and regions including the Bank Indonesia, the Monetary Authority of Singapore (MAS), and the European Central Bank. The PBOC has signed bilateral local currency swap agreements with central banks or monetary authorities of 40 countries and regions so far, of which 29 remained effective with an overall size of over RMB 4 trillion yuan. The size of the swap agreements differs from the actual amount being used. At the end of September 2023, the outstanding amount of RMB funds used by foreign monetary authorities was RMB 117.1 billion yuan, while that of foreign currency funds used by the PBOC was equivalent to RMB 3.43 billion yuan.

Box 4 The PBOC Signed the First Standing Swap Agreement

On 4 July 2022, the PBOC and the HKMA announced an upgrade of the existing currency swap agreement to make it a long-standing arrangement, expanding the size of the arrangement to RMB 800 billion / HKD 940 billion. This is the first standing swap agreement signed by the PBOC. Different from the bilateral currency swap agreements signed before, the standing swap agreement is effective for the long-term with no need for renewal, thereby increasing the convenience of the use of funds.

The establishment of standing swap arrangements between monetary authorities is a common international practice, and upgrading to a standing swap is in line with the trend of financial cooperation between mainland China and the Hong Kong SAR. Internationally, some central banks have already established standing swap arrangements with each other. For example, the Federal Reserve, the European Central Bank, the Bank of Japan, the Bank of England, the Bank of Canada, and the Swiss National Bank have standing swap arrangements with each other, without maturity and size limits. The European Central Bank also maintains standing swap arrangements with the Danmarks Nationalbank and the Sveriges Riksbank, with no maturity limit but a limit on the size. In recent years, the capital market interconnectivity and collaboration between the Hong Kong SAR and mainland China has deepened. The offshore RMB market in the Hong Kong SAR has grown steadily, becoming the most important offshore RMB clearing hub, as well as a financing products center, and capital pool. The standing swap agreement between the PBOC and the HKMA with a bigger facility size is not only in line with the need for deepening financial cooperation between the two markets, but also meets the inherent requirement from the opening-up of financial markets. It provides the Hong Kong market with more stable, long-term liquidity support, and is conducive to stabilizing market expectations as well as enhancing the market's endogenous development momentum. All this enhances the Hong Kong SAR's function as an offshore RMB business hub as well as an international financial center, and helps to promote the long-term prosperity and development of its financial sector.

3. Overseas Clearing Arrangements of the RMB

Since 2022, the PBOC has kept improving the RMB overseas clearing network, and designated clearing banks in Laos, Kazakhstan, Pakistan, and Brazil. At the end of September 2023, there were 31 overseas RMB clearing banks designated in 29 countries and regions.

X. RMB Interest Rate and Exchange Rate

1. RMB Interest Rate

In 2022, the RMB prime rate in the domestic money market went down first and then rose, picking up after reaching a low point in September, and closing down slightly at

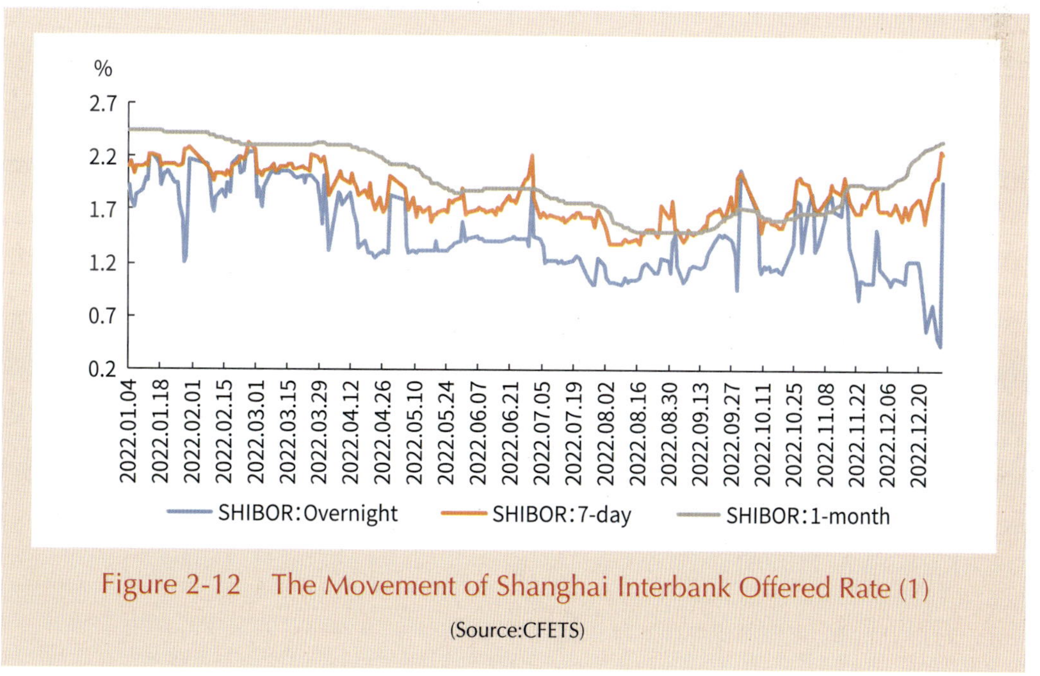

Figure 2-12 The Movement of Shanghai Interbank Offered Rate (1)

(Source:CFETS)

the end of 2022 from a year earlier. At the end of 2022, the overnight, 7-day, 1-month, 3-month, 6-month and 1-year Shanghai Interbank Offered Rate (SHIBOR) dropped by 172 basis points(bps), 48bps, 85bps, 78bps, 82bps and 117bps respectively from the end of last year, closing at 1.96%, 2.22%, 2.35%, 2.42%, 2.51%, 2.62%, respectively.

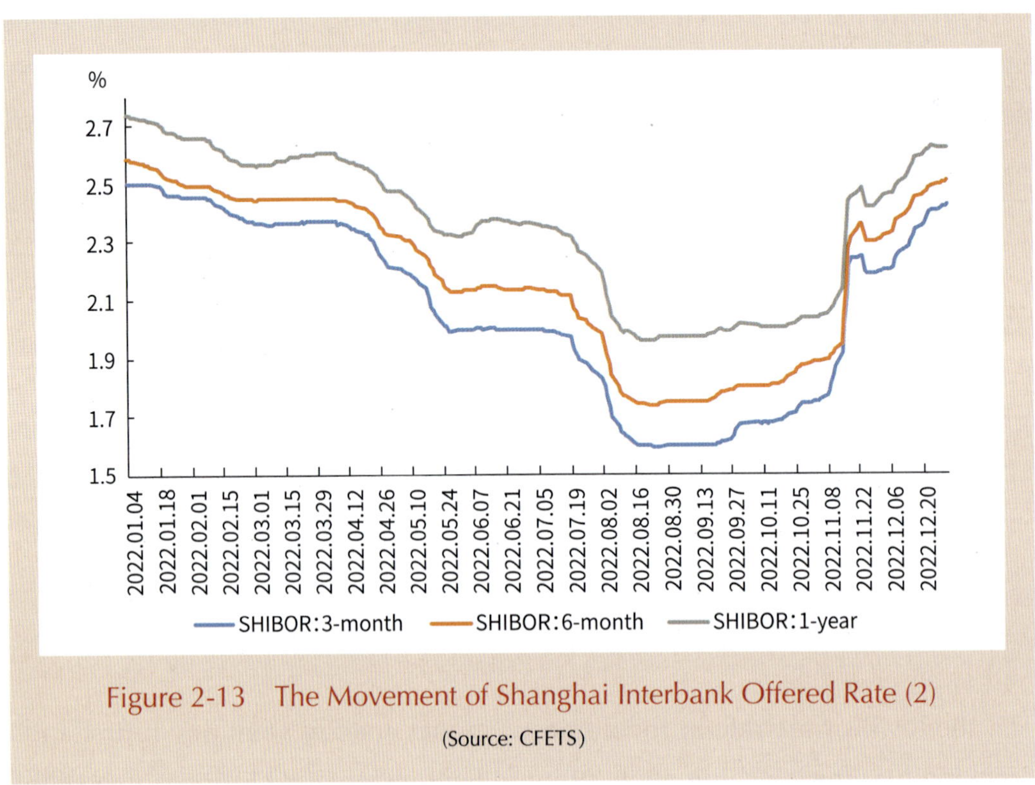

Figure 2-13 The Movement of Shanghai Interbank Offered Rate (2)

(Source: CFETS)

2. RMB Exchange Rate

In 2022, the RMB exchange rate moved in both directions based on market supply and demand. The RMB depreciated against a basket of currencies throughout the year. At the end of 2022, the CFETS RMB exchange rate index was 98.67, down 3.7% from the end of 2021. The RMB fluctuated up and down against major international currencies. The highest central parity rate of the RMB against the USD was 6.3014, while the lowest was 7.2555. During 242 trading days, the RMB appreciated in 114 days and depreciated in 128 days. The biggest single-day rise and drop were 1.4% (1008bps) and 1% (681bps), respectively. The central parity of the RMB against the EUR, the GBP, and the JPY depreciated by 2.7%, appreciated by 2.5%, and appreciated by 5.8% respectively from the end of 2021.

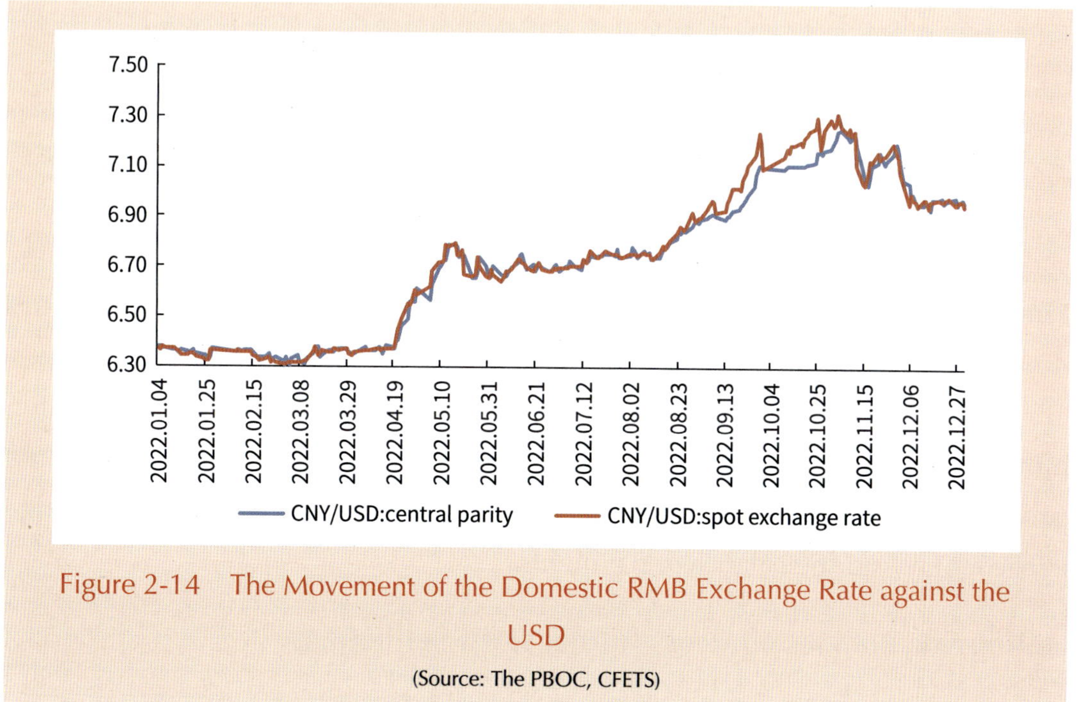

Figure 2-14 The Movement of the Domestic RMB Exchange Rate against the USD

(Source: The PBOC, CFETS)

PART THREE

Updates of Policies and Relevant Reforms

Since 2022, the policy framework for cross-border RMB business has been further improved to better serve the real economy and promote trade and investment facilitation. The two-way opening-up of financial markets has been consistently enhanced and the RMB exchange rate formation mechanism has been further improved, thereby playing a better role as an automatic stabilizer in adjusting the macroeconomy and the balance of payments.

I. Optimizing Policies on Cross-border RMB Settlement

In January 2022, the PBOC, together with the SAFE, issued *the Notice on Overseas Lending by Banking Institutions,* putting banks' RMB and foreign currency overseas lending into integrated management, expanding the scope of banks' RMB overseas lending business, and further supporting and standardizing domestic banks' overseas lending business.

In May 2022, the PBOC, together with the MOFCOM and the SAFE, issued *the Notice on Supporting Foreign Economic and Trade Enterprises to Enhance the Capability of Exchange Rate Risk Management,* to promote the cross border RMB usage, support foreign economic and trade enterprises to hedge currency mismatch risks and encourage them to increase the scale and proportion of cross-border RMB settlement under trade in goods.

In June 2022, the PBOC issued *the Notice on Supporting Cross-border RMB Settlement for New Forms of Foreign Trade,* improving policies regarding cross-border RMB business for new forms of foreign trade such as cross-border e-commerce, and supporting the development of new forms and new models of foreign trade in a sound, sustainable and innovative way.

In July 2022, the PBOC, together with the SAFE, expanded the cash pooling pilot integrating the RMB and foreign currency management for multinationals, and rolled out the second batch of pilots in Shanghai, Guangdong, Shaanxi, Beijing, Zhejiang, Shenzhen, Qingdao, and Ningbo, to further facilitate the integrated deployment of funds in China and abroad by multinationals.

In January 2023, the PBOC, together with the MOFCOM, issued *the Notice on Further Supporting Foreign Economic and Trade Enterprises in Expanding the Cross-border Use of the RMB to Facilitate Trade and Investment,* further facilitating the use of the RMB in cross-border trade and investment and better meeting market needs of foreign economic and trade enterprises for transaction settlement, investment and financing, risk management and so on.

In May 2023, the PBOC, together with the SAFE, decided to launch pilot programs in Beijing, Guangdong, and Shenzhen to optimize and upgrade the policies on centralized operation and management of cross-border RMB and foreign currency funds for multinational corporations, giving more freedom to enterprises in their cross-border funds management.

Box 5 Further Optimizing Cross-border RMB Settlement Policies for New Forms of Trade

The new forms and new models of foreign trade are effective forces in the development of China's foreign trade and represent an important trend of international trade development. To implement the Opinions of the General Office of the State Council for Accelerating the Development of New Forms and New Models of Foreign Trade, and to support the sustainable and healthy development of cross-border RMB settlement for new forms of foreign trade, the PBOC issued the Notice on Supporting Cross-border RMB Settlement for New Forms of Foreign Trade to guide banks and relevant institutions to better meet the financial service needs of the business entities engaged in these new forms of foreign trade.

Firstly, the PBOC has broadened the business scope of payment institutions from trade in goods and trade in services to all current account items. The PBOC supports banks' cooperation with payment institutions to provide cross-border RMB settlement services for business entities engaged in new forms of foreign trade such as cross-border e-commerce and individuals' cross border transactions under the current account. In addition, the PBOC supports payment institutions to handle salary repatriation for overseas migrant workers.

Secondly, the PBOC has specified what is required from banks, payment institutions and other related business entities for business filing and handling. It is clearly stipulated that in the process of business handling, banks and payment institutions should sign cross-border RMB settlement agreements, clearly defining the responsibilities and obligations of both parties, and continuously improving their own capabilities of verifying the authenticity and legality of transactions to ensure that the business is genuine and compliant.

Thirdly, the PBOC has specified the requirements for business authenticity verification, anti-money laundering, anti-terrorist financing, anti-tax evasion, and data reporting, to prevent and control business risks. The cross-border RMB business for new forms of foreign trade must be based on genuine and legitimate transactions. Banks and payment institutions should conduct transaction authenticity verification through management over market entities, transaction limit setting, collection and use of the electronic data of transactions, anti-money laundering and post transaction review, etc.

In the next step, the PBOC will continue to closely monitor the development of new forms of foreign trade, optimize the policy support system for the cross-border use of the RMB according to market demands, promote the high-quality development of new forms of trade, and help achieve stable macroeconomic performance.

II. Promoting the Two-way Opening-up of Financial Markets

In July 2022, the PBOC, the HKSFC, and the HKMA jointly announced to initiate the collaboration to develop mutual access between the Mainland and Hong Kong interest rate swap markets (Swap Connect), facilitating the participation of overseas investors in the domestic RMB interest rate swap market and supporting the construction of high-level financial opening-up.

In November 2022, the PBOC, together with the SAFE, issued *the Rules on Funds Invested by Overseas Institutional Investors in China's Bond Market*. Clarifying how funds invested in the market by overseas institutional investors shall be managed, the *Rules* is conducive to making China's bond market more accessible to overseas institutional investors.

In December 2022, the PBOC, together with the SAFE, issued *the Notice on Matters Concerning the Proceeds Management for Yuan-Denominated Bonds Issued by Overseas Issuers in China,* which clarified the requirements of proceeds management for yuan-denominated bonds issued by overseas institutions in China, to facilitate overseas institutions' financing activities in China's bond market.

In April 2023, the PBOC issued *the Interim Measures for the Administration of Cooperation on the Mutual Access Between Chinese Mainland and Hong Kong Interest Rate Swap Markets,* which regulated interconnection and cooperation of interest rate swap markets between the two markets, to protect the legitimate rights and interests of both domestic and overseas investors, and maintain the order of the interest rate swap market.

Box 6 The Mainland-Hong Kong Swap Connect Was Officially Announced and Launched

To implement the strategic plan of the CPC Central Committee and the State Council on steadily promoting the opening-up of China's financial markets, and to promote the collaborative development of the financial derivatives markets in mainland China and the Hong Kong SAR, the PBOC, the HKSFC, and the HKMA issued a joint announcement, on July 4, 2022, on the initiation of the Swap Connect between the two markets. This was officially launched on May 15, 2023. On the first day of trading, the market operations went smoothly, and there was active trading by both domestic and overseas investors. There was a total of 162 transactions of RMB interest rate swaps completed between 20 onshore dealers and 27 offshore investors, with a total notional principal amount of RMB 8.26 billion yuan.

The opening up of China's interbank bond market has deepened over recent years, and the demand for RMB interest rate-related risk management tools for overseas market participants has risen. Using the successful experiences of the bond market's opening up as a basis, the PBOC, together with the HKSFC, and the HKMA, has conducted in-depth research on the clearing model of cross-border derivatives transactions, and formulated the Swap Connect collaborative outline. Under the Swap Connect mechanism, domestic and overseas investors can easily complete RMB interest rate swap transactions and centralized clearing through the connections between the infrastructure service institutions in the Mainland and Hong Kong markets, without any change of their trading habits while complying with the relevant laws and regulations of the two markets. The establishment of Swap Connect has helped investors manage interest rate risk, encouraged overseas institutions to participate in China's bond market, promoted RMB internationalization and strengthened the Hong Kong SAR's position as an international financial center.

In the next step, the PBOC will collaborate with the HKSFC, the HKMA, and the financial market infrastructure institutions of the two markets, to further improve the relevant institutional arrangements based on the operation of Swap Connect, which, in turn, will support the prosperous development of the Hong Kong SAR as an international financial center, as well as promote the high-quality development and high-level opening-up of China's financial market.

III. Improving the RMB Exchange Rate Formation Mechanism

In 2022, the PBOC continued to advance the market-based reform of the RMB exchange rate, and to improve the managed floating exchange rate regime based on market supply and demand with reference to a basket of currencies, thus enabling it to play a role as an automatic stabilizer in adjusting the macroeconomy and the balance of payments. When the global economic and financial situation was complex and fluid, and the volatility in global foreign exchange market became higher, China's cross-border capital flows as well as foreign exchange supply and demand remained in balance. Market expectations were generally stable. The RMB exchange rate moved in both directions based on market supply and demand with more flexibility. In 2022, the CFETS RMB exchange rate index ran above 100 most of the time. Overall, the RMB has performed soundly among major global currencies and remained stable at a reasonable equilibrium level.

Box 7 Interbank Foreign Exchange Market Serves High-Level Opening-up

In recent years, the PBOC and the SAFE have taken multiple measures to promote the two-way opening-up of China's financial markets. The interbank FX market has kept improving its arrangement for currency conversion and exchange rate risk management, and its capacity to serve the high-level opening-up has continued to improve.

Firstly, the development of the FX market is harmonized with that of the cross-border financial investment. Following the opening-up of the financial markets and the advancement of RMB internationalization, China's FX market is more open, while gradually absorbing various types of overseas investors' demands for FX transactions in cross-border financial activities. In conjunction with the launch of Bond Connect, the Shanghai-Hong Kong and Shenzhen-Hong Kong Stock Connect, CIBM Direct and other financial market opening-up channels, the PBOC has been supporting overseas investors in FX conversion and exchange rate risk hedging in China's FX market. The FX market, the bond market, and the stock market have actively interacted in the process of opening-up. In 2022, 88% of the transactions conducted by overseas banks in the interbank FX market were related to bond investment.

Secondly, an open system to facilitate the diversified needs of investors is being built. The interbank FX market aligns with the international market practices by providing prime brokerage and trade allocation services for overseas non-bank financial institution, and agency trading services for overseas sovereign institutions, such as foreign central banks, to meet more diversified demands from overseas investors. At the end of 2022, there were 197 overseas participants in the interbank FX market, with a trading volume accounting for 7% of total transactions. The type of participants has been extended from offshore RMB clearing banks to offshore sovereign institutions, offshore participating banks, and offshore non-bank financial institutions.

Thirdly, trading efficiency is being coordinated with risk prevention. Since 2020, third-party FX arrangements have been launched under CIBM Direct and Bond Connect respectively. Bond investors under these two schemes can trade with third parties in the FX exchange process to obtain better prices and to manage exchange rate risk both more proactively and more efficiently. To facilitate the smooth operation of the third-party FX arrangement, bond and FX transaction information on an investor basis have been monitored and the foreign exchange risk management information has been shared with banks.

Fourthly, a 20-hour trading period per day has been established. According to the relevant requirements of the IMF SDR review, starting from January 3, 2023, trading hours of the interbank FX market have been further extended, with G10 currency pairs market and FX money market opening at 7:00 a.m. (closing at 23:30), and the RMB/FX market closing at 3:00 a.m. (opening at 9:30 a.m.). The total trading hours are 20 hours, covering the major trading periods of Asian, European, and North American markets. As a result, global investors' RMB exchange rate risk management has become more convenient, the depth and breadth of the domestic FX market has been further improved, and the development of onshore and offshore FX markets has become more coordinated.

In the next step, the PBOC and the SAFE will further deepen the FX market development, focusing on building an open, diversified, well-functioning, orderly, and competitive market, to better support the high-level opening-up.

PART FOUR

Development of the Offshore RMB Markets

Since 2022, the offshore RMB markets have developed smoothly. The offshore and onshore RMB interest rate spreads at various tenors were mixed. The movement of offshore and onshore exchange rates was generally consistent, and the spread slightly widened. The interconnection and cooperation among domestic and overseas financial markets have kept deepening with more offshore RMB products offered, and the level of cross-border investment facilitation and liberalization continued to improve.

I. Offshore RMB Interest Rate and Exchange Rate

1. Interest Rate

Since 2022, offshore RMB interest rates have been generally stable, with higher volatility across different tenors in the first half of the year than in the second half. Overnight rate became less volatile than in 2021, and long-term rates remained generally stable. At the end of 2022, the CNH Hong Kong Interbank Offered Rate (HIBOR) for overnight and 7-day period were 1.1% and 1.6% respectively, down 582 bps and 94 bps from a year earlier respectively. The 3-month, 6-month, and 1-year CNH HIBOR were 2.5%, 2.8%, and 3.3% respectively, down 44 bps, down 27 bps, and up 11 bps from a year earlier respectively.

In 2022, interest rates in the offshore RMB market were overall higher than in the onshore market, with the CNH HIBOR 0.64 percentage points higher than the SHIBOR on average. The spread between the CNH HIBOR and the SHIBOR for 1-month period narrowed from 66 bps in the first half of the year to 43 bps in the second half. The spread between the CNH HIBOR and the SHIBOR for 3-month period widened from 72 bps in the first half of the year to 78 bps in the second half.

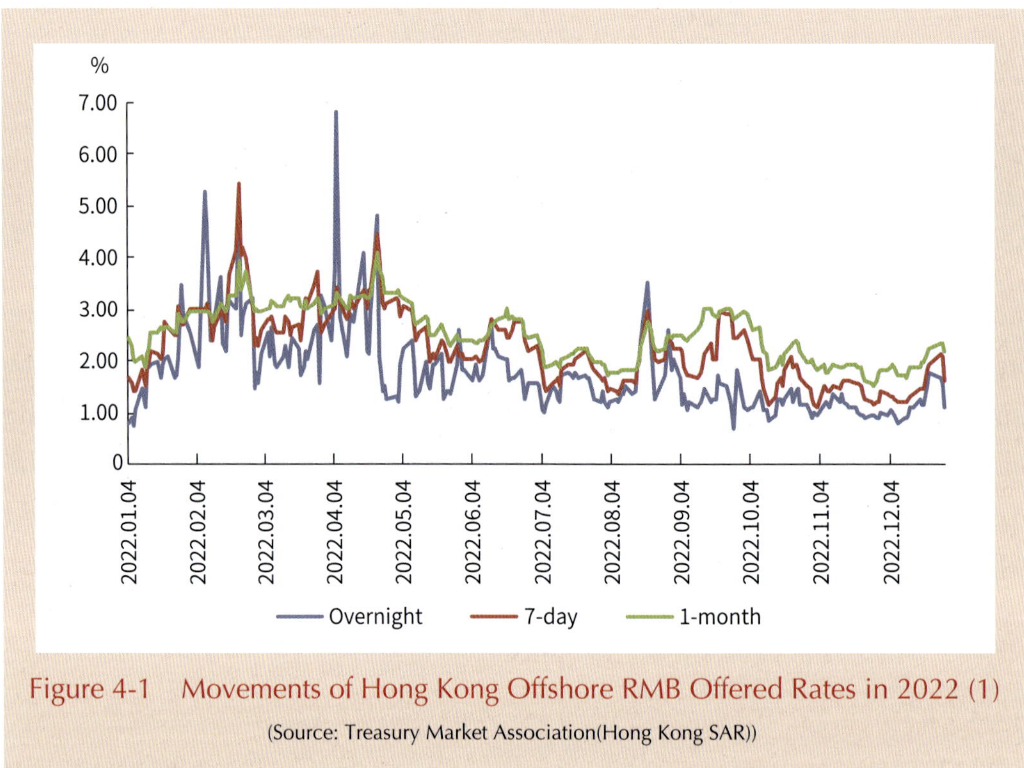

Figure 4-1 Movements of Hong Kong Offshore RMB Offered Rates in 2022 (1)

(Source: Treasury Market Association(Hong Kong SAR))

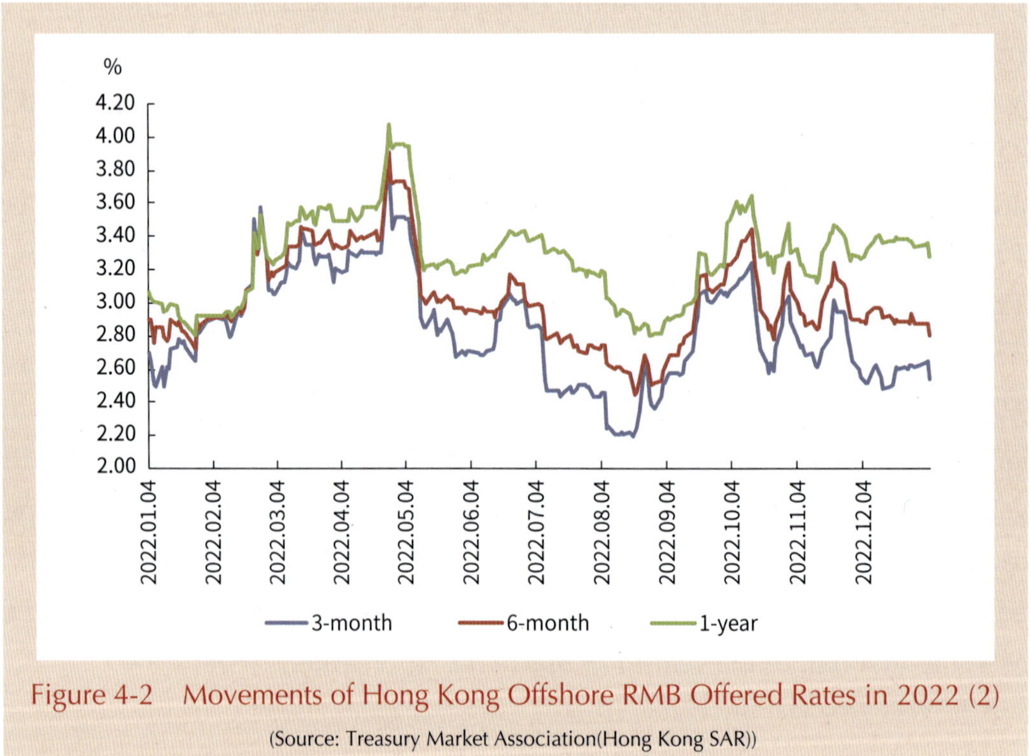

Figure 4-2 Movements of Hong Kong Offshore RMB Offered Rates in 2022 (2)

(Source: Treasury Market Association(Hong Kong SAR))

2. Exchange Rate

In 2022, the offshore RMB exchange rate moved in both directions, generally consistent with the movement of the onshore RMB exchange rate, and the spread between the offshore and onshore exchange rate was stable overall. The percentage of trading days when the offshore RMB exchange rate was stronger or weaker than the onshore RMB exchange rate during the year was 31.5% and 68.5% respectively. The average daily exchange rate spread between offshore and onshore RMB for the year was 171 bps, 88 bps wider than in 2021.

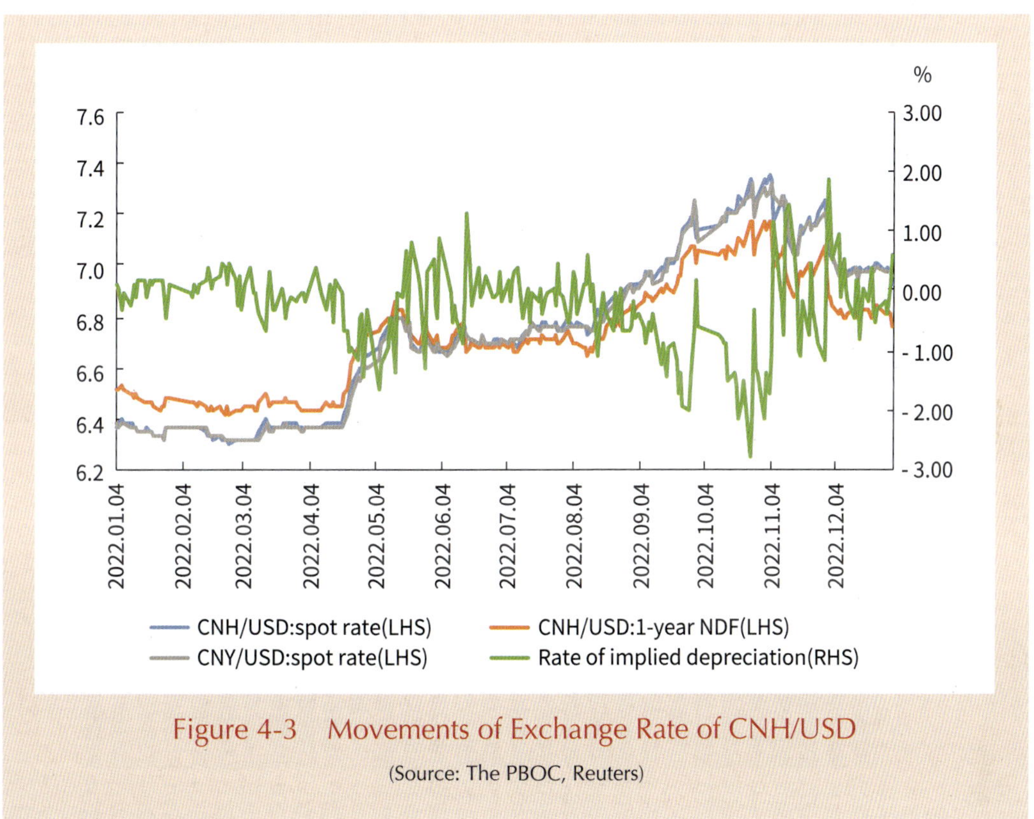

Figure 4-3 Movements of Exchange Rate of CNH/USD

(Source: The PBOC, Reuters)

II. Offshore RMB Deposits

In 2022, offshore RMB deposits remained stable. At the end of 2022, the RMB deposit balance in major offshore markets exceeded RMB 1.5 trillion yuan, basically the same as the previous year. The RMB deposit balance in the Hong Kong SAR was RMB 835.7 billion yuan, ranking first among all of the offshore RMB markets and accounting for 5.4% of all the deposit balance in the Hong Kong SAR and 10.5% of its foreign currency deposit balance. The RMB deposit balance in Chinese Taipei was RMB 195.2 billion yuan, ranking second. The RMB deposit balance in the United Kingdom was RMB 105.9 billion yuan, ranking third.

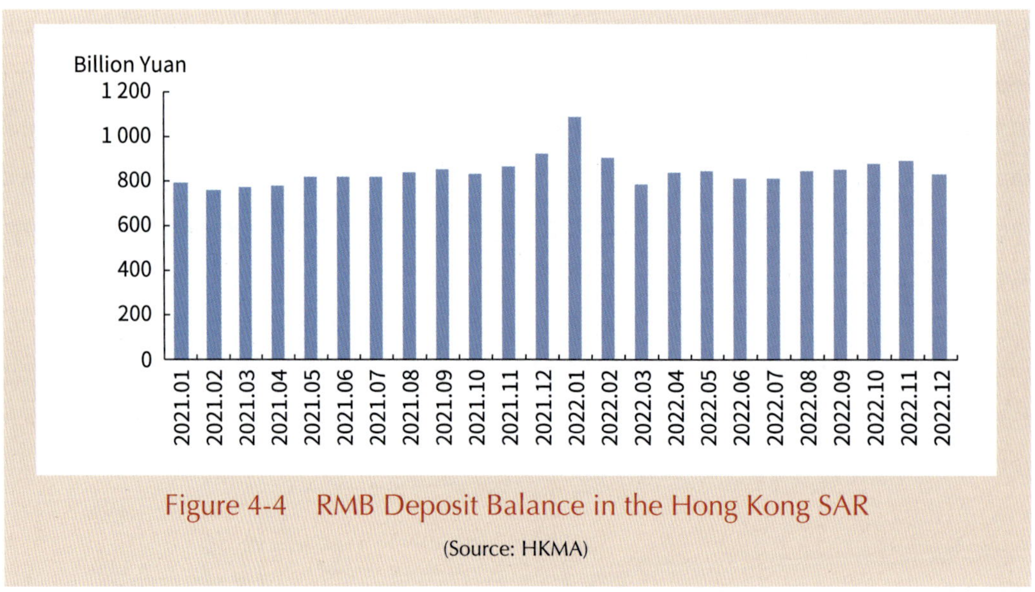

Figure 4-4 RMB Deposit Balance in the Hong Kong SAR

(Source: HKMA)

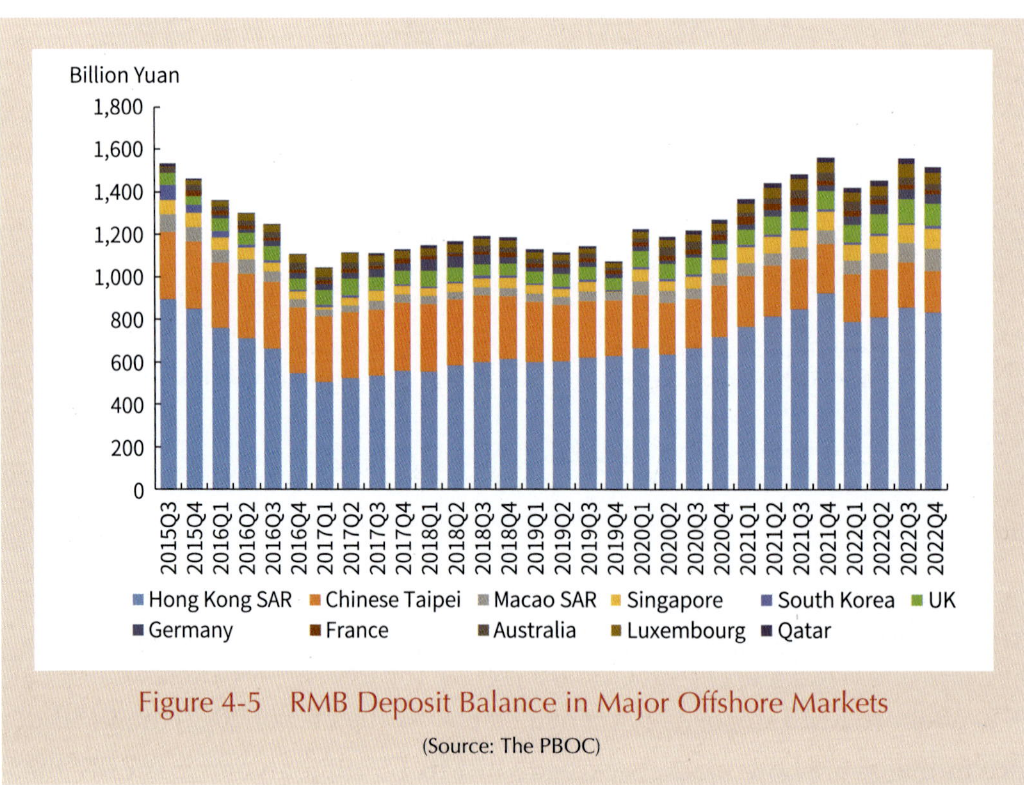

Figure 4-5 RMB Deposit Balance in Major Offshore Markets

(Source: The PBOC)

III. Offshore RMB Financing

In 2022, the offshore RMB bond market developed steadily. According to incomplete statistics, RMB 483.87 billion yuan of the RMB-denominated bonds were issued in countries and regions with RMB clearing arrangements in 2022, a yoy increase of 37%. The RMB-denominated bonds issued in the Hong Kong SAR amounted to RMB 385.34

billion yuan, a yoy increase of 29.6%. At the end of 2022, the outstanding amount of RMB-denominated bonds in countries and regions with RMB clearing arrangements was RMB 446.93 billion yuan, a yoy increase of 64.7%. The balance of the RMB-denominated Certificates of Deposits amounted to RMB 526.45 billion yuan, a yoy increase of 335.9%. In 2022, the overall scale of offshore RMB loans kept growing and the amount of outstanding RMB loans in major offshore markets reached RMB 595.55 billion yuan. The amount of outstanding RMB loans in the Hong Kong SAR was RMB 196.7 billion yuan.

IV. Issuance of RMB-denominated Central Bank Bills in the Hong Kong SAR

In 2022, the PBOC regularly issued 12 batches of RMB-denominated central bank bills in the Hong Kong SAR in a market-based form, with an amount of RMB 120 billion yuan in total. In 2022, the issuance of 3-month, 6-month, and 1-year RMB-denominated central bank bills reached RMB 40 billion yuan, RMB 20 billion yuan, and RMB 60 billion yuan respectively. In 2022, RMB-denominated central bank bills issued in the Hong Kong market were sought after by offshore investors, the oversubscription rate of each issuance exceeded 1.9 times with a peak of 4.6 times. Major investors included international financial organizations, central banks, commercial banks, funds, insurance companies, and other overseas investors, with a geographical distribution covering the Hong Kong SAR, the Macao SAR, the Chinese Taipei, Asia-Pacific, Europe, Africa, etc. Meanwhile, the RMB-denominated central bank bill repo market in the Hong Kong SAR has continued to develop and the range of participating institutions has been expanded continuously.

The regular issuance of RMB-denominated central bank bills and the development of the repo market in the Hong Kong SAR have enriched the series of RMB investment products and liquidity management tools in Hong Kong market. It has played a positive role in fostering a sound offshore RMB money market and bond market and boosting the issuance of RMB-denominated bonds, as well as extending RMB business by domestic and overseas business entities in the offshore markets.

V. The RMB in Global Foreign Exchange Market

A BIS survey released in 2022 showed that the share of the RMB used in FX transactions in global market has increased to 7%, making the RMB the fifth most traded foreign exchange currency in the world.

According to the SWIFT statistics, the RMB ranked as the sixth most active currency for FX spot transactions by value at the end of 2022, after the USD, the EUR, the GBP, the JPY, and the CAD. Top economies conducting FX spot transactions in the RMB included the United Kingdom (38.1%), the United States (15.2%), the Hong Kong SAR (8.5%), and Switzerland (7.2%), which together accounted for approximately 70% of the value of offshore RMB/FX transactions.

VI. Offshore RMB Clearing

In 2022, the volume of RMB clearing made by overseas clearing banks totaled RMB 504.3 trillion yuan, a yoy increase of 7.7%, among which the total amount of agent clearing was RMB 54.8 trillion yuan, a yoy increase of 9.6% and the total amount of the inter-bank clearing was RMB 449.5 trillion yuan, a yoy increase of 7.5%. By the end of 2022, 970 participating banks and other institutions had opened clearing accounts in overseas RMB clearing banks. In 2022, the amount of clearing processed by Hong Kong's RMB Real Time Gross Settlement was RMB 414.1 trillion yuan, continuing to maintain a rapid growth of 15.8% yoy.

Box 8 Continuous Innovation of RMB Products and Market Mechanism in Offshore RMB Markets

In recent years, the self-generated momentum of the offshore RMB markets has been further enhanced, and the offshore RMB markets have developed steadily and healthily.

The liquidity condition of the offshore RMB markets has gradually improved. In July 2022, the PBOC and the HKMA upgraded the currency swap agreement to a standing arrangement, which has provided the offshore RMB markets with more stable and long-term liquidity support. The PBOC supported HKMA's and MAS's regular use of RMB swap funds to enrich the liquidity of offshore RMB markets. Trading activities in the offshore RMB markets have become increasingly dynamic. At the end of 2022, the balance of RMB deposits in major offshore markets was RMB 1.5 trillion yuan, a historic high.

Participants in the offshore RMB markets have become more diversified and the product system has been gradually enriched. According to a survey by the BIS, the share of the RMB in global foreign exchange transaction has grown from 4.3% to 7% in the past three years, and the international ranking has risen from eighth to fifth, making it the fastest-rising currency in terms of market share. This indicates that offshore entities have been expanding their use of the RMB for exchange and risk management. In February 2023, the CSRC issued regulations to support domestic enterprises going public in overseas markets using the RMB for dividend payments. At the same time, the Hong Kong Exchanges and Clearing Limited (HKEX) launched the "HKD-RMB Dual Counter Model", offering issuers and investors choices of HKD- and RMB-denominated shares. Cooperation on mutual access between the Mainland and Hong Kong interest rate swap markets was officially launched, allowing global investors to access the onshore derivatives market to hedge interest rate risks. The Guangdong Provincial Government, Hainan Provincial Government, and Shenzhen Municipal Government issued offshore RMB local government bonds in the Hong Kong SAR and the Macao SAR, enriching the offshore RMB markets with credit bonds. Bank of China Hong Kong has established a market-making mechanism for RMB-denominated central bank bills repo, providing RMB liquidity facility tools for overseas investors.

In the next step, the PBOC will continue to improve the RMB liquidity supply arrangement in offshore markets, enrich the product system of the offshore RMB markets in the Hong Kong SAR and other regions, foster a virtuous cycle between the onshore and offshore RMB markets, and support the healthy development of the offshore RMB markets.

PART FIVE

Looking Ahead

In the next stage, under the guidance of Xi Jinping Thought on Socialism with Chinese Characteristics for a New Era, the PBOC will thoroughly implement the guidelines made by the 20th National Congress of the CPC, and commit to reform and opening-up for mutual benefit. Upholding the guiding principle of coordinating development and security, the PBOC will promote RMB internationalization in an orderly manner based on a market-oriented approach and leaving choices to enterprises, all to pursue high-quality development and high-level opening-up.

I. Optimizing the Fundamental Institutional Arrangements for Cross-border Use of the RMB

Taking the trade and investment facilitation as the fundamental goal, the PBOC will further consolidate the institutional foundation of cross-border RMB business, strengthen the integrated management of the RMB and foreign currencies, and improve the convenience and operational feasibility of policies to better meet the needs of using the RMB in cross-border trade and investment by market entities. The PBOC will continue to promote and optimize the pilot cash pooling program integrating the RMB and foreign currency management, coordinate and standardize the business of cross-border transfer of assets such as trade financing, and promote the construction of the "Electronic Fence" for capital in Hainan Free Trade Port and Guangdong-Macao Intensive Cooperation Zone in Hengqin.

II. Continuing to Promote the Institutional Opening-up of Financial Markets

The PBOC will continue to optimize the cross-border fund management policies for international investors to invest in China's bond and stock market, support more central banks and monetary authorities to include the RMB in their reserves, and create a convenient and accommodating investment ecosystem, to better meet the asset allocation and risk management demands of global RMB asset investors. The PBOC will continue to optimize the policy arrangements regarding the "Cross-boundary Wealth Management Connect" pilot scheme in the GBA, again to better meet the demands of GBA residents for high-quality financial services.

III. Enhancing the RMB's Role as a Financing Currency

The PBOC will encourage financial institutions to actively carry out cross-border trade financing business, overseas lending, and other financing businesses in the RMB. The PBOC will support more foreign central banks, international development institutions, multinational corporations, and other high-quality issuers to issue Panda Bonds in China and support more entities such as policy-based financial institutions to issue RMB-denominated securities overseas.

IV. Cultivating a Favorable Ecosystem for the International Use of the RMB

The PBOC will strengthen currency cooperation with countries and regions with close economic and trade ties with China, and support the orderly and healthy development of offshore RMB markets. Meanwhile, the PBOC will enhance policy support for clearing banks, optimize the global layout of clearing banks, and enable them to give full play to their role as "bridges" connecting the offshore and onshore markets. In addition, the PBOC will improve the liquidity supply mechanism, provide long-term and stable RMB liquidity for offshore markets, and inspire market players to innovate and develop offshore RMB products and services.

V. Defending the Bottom Line Whereby No Systemic Risks Will Occur

The PBOC will further improve the monitoring, assessment, and early-warning system of cross-border capital flows. To address the risk of pro-cyclical fluctuations in cross-border capital flows, the PBOC will make efforts to improve the integrated macroprudential management framework for cross-border capital flows in both the RMB and foreign currencies, enrich the macroprudential management toolbox, strengthen the coordination between macroprudential management and microprudential supervision to ensure that the internationalization of the RMB advances steadily with a bottom line of security as a prerequisite.

Box 9 International Use of the RMB in 2022 Market Survey

In 2022, Bank of China conducted a market survey into the use of the RMB by domestic and overseas industrial and commercial enterprises, with a sample of over 3,600 enterprises, including 2,504 domestic enterprises and 1,096 overseas enterprises. The survey showed that:

Firstly, the role of the RMB as a settlement currency has been enhanced. About 82.8% of the respondents considered using or increasing the use of the RMB in cross-border transactions, the highest level in recent years.

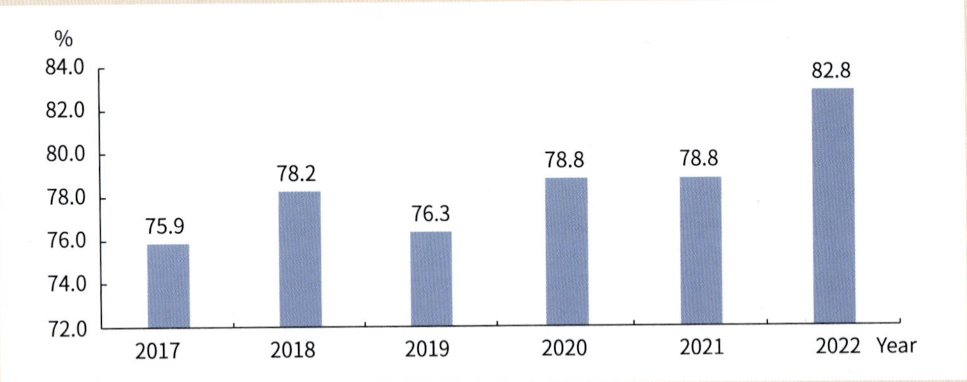

Figure 5-1 Proportion of Domestic and Overseas Respondents Considering Increasing the Use of the RMB

(Source: Bank of China)

Secondly, the role of the RMB as a pricing currency has weakened. The survey results showed that 18% of domestic respondents used the RMB for pricing in cross-border transactions, a slight decrease from 2021.

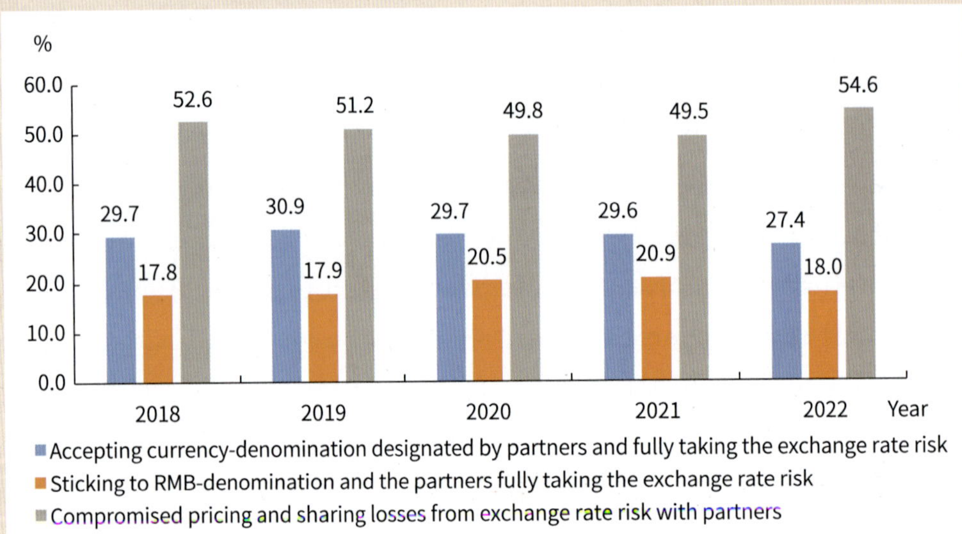

Figure 5-2 Proportion of Domestic Enterprises Using the RMB for Pricing during Foreign Exchange Rate Fluctuation

(Source: Bank of China)

Thirdly, the role of the RMB as a financing currency has been improved. The survey results showed that about 78.6% of overseas respondents would consider RMB financing when liquidity of the USD, the EUR, and other international currencies was tight, 7.4 percentage points higher than the survey results in 2021. 71.8% of overseas respondents prioritized using the RMB for financing trade with China, an increase of 3.5 percentage points from the survey in 2021. The willingness of overseas enterprises to use the RMB for financing trade with China has reached a three-year high.

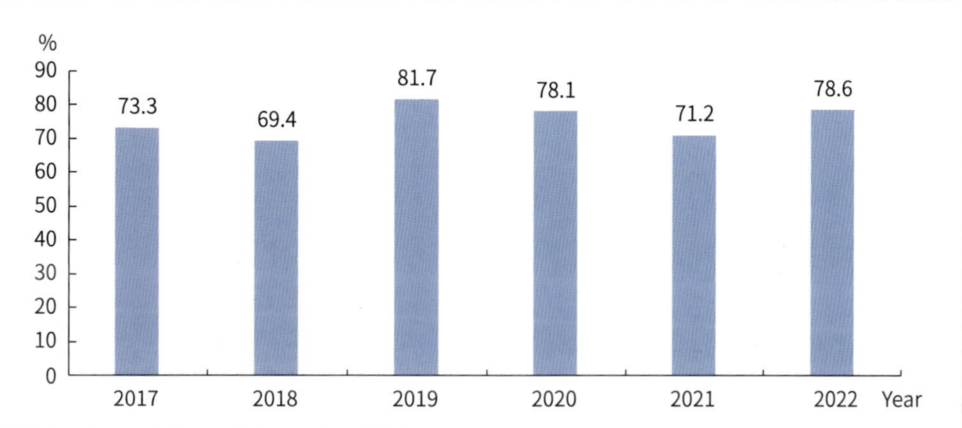

Figure 5-3 Proportion of Overseas Enterprises Considering Using the RMB for Financing

(Source: Bank of China)

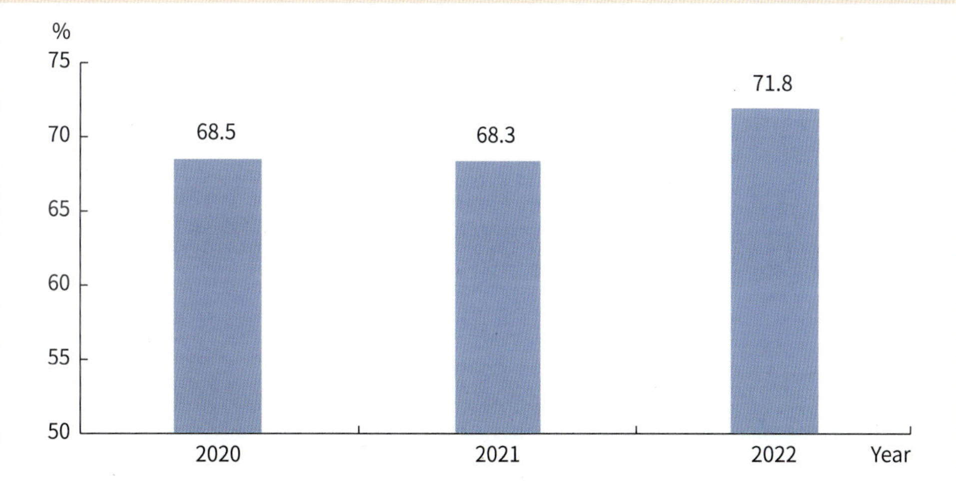

Figure 5-4 Proportion of Overseas Respondents Prioritizing the RMB Financing in Trade with China

(Source: Bank of China)

PART SIX

Highlights of RMB Internationalization

2009

On January 20, the PBOC and the Hong Kong Monetary Authority signed a bilateral local currency swap agreement of RMB 200 billion yuan/HKD 227 billion.

On February 8, the PBOC and the Bank Negara Malaysia signed a bilateral local currency swap agreement of RMB 80 billion yuan/MYR 40 billion.

On March 11, the PBOC and the National Bank of the Republic of Belarus signed a bilateral local currency swap agreement of RMB 20 billion yuan/BYR 8 trillion.

On March 23, the PBOC and Bank Indonesia signed a bilateral local currency swap agreement of RMB 100 billion yuan/IDR 175 trillion.

On April 2, the PBOC and the Central Bank of Argentina signed a bilateral local currency swap agreement of RMB 70 billion yuan/ARS 38 billion.

On April 20, the PBOC and the Bank of Korea signed a bilateral local currency swap agreement of RMB 180 billion yuan/KRW 38 trillion.

On June 29, the PBOC and the Hong Kong Monetary Authority signed *the Supplementary Memorandum III* of Cooperation on the Pilot Program of RMB Settlement of Cross-border Trade Transactions between Mainland and Hong Kong SAR of China.

On July 1, upon the approval of the State Council, the PBOC, Ministry of Finance (MOF), Ministry of Commerce (MOFCOM), General Administration of Customs (GAC), State Administration of Taxation (SAT) and China Banking Regulatory Commission

(CBRC) jointly issued the *Administrative Rules on the Pilot Program of RMB Settlement of Cross-border Trade Transactions* (PBOC, MOF, MOFCOM, GAC, SAT, CBRC Public Announcement [2009] No.10).

On July 3, the PBOC and the Bank of China (Hong Kong) Ltd. signed the revised *RMB Clearing Agreement,* to support pilot program of RMB settlement of cross-border trade transactions.

On July 3, the PBOC issued the *Regulations for Implementing the Administrative Rules of the Pilot Program of RMB Settlement of Cross-border Trade Transactions* (PBOC Document [2009] No.212).

On July 6, the first transaction of RMB cross-border trade settlement was conducted in Shanghai, and the RMB Cross-border Payment Information Management System (RCPMIS) was put into operation.

On July 7, the pilot program of RMB settlement of cross-border trade transactions was launched in four cities of Guangdong.

On July 14, the PBOC, MOF, MOFCOM, GAC, SAT and CBRC jointly issued the notice to the Shanghai municipal government and Guangdong provincial government the approval of Enterprises list for the *Pilot Program of RMB Settlement of Cross-border Trade Transactions* (PBOC General Administration Reply letter [2009] No.472). The first batch of 365 enterprises was officially approved to conduct RMB settlement of export transactions.

On September 10, the PBOC and the SAT signed the *Memorandum on data and information transmission on the RMB settlement of cross-border trade transactions.*

On September 15, the MOF issued the first sovereign RMB-denominated bond in Hong Kong SAR of China with the amount of RMB 6 billion yuan.

On December 22, the PBOC issued *Questions & Answers on relevant policies of the pilot program of RMB settlement of cross-border trade transactions.*

2010

On February 11, the Hong Kong Monetary Authority issued the *Elucidation of Supervisory Principles and Operational Arrangements Regarding the RMB Business in Hong Kong SAR of China.*

On March 8, the PBOC issued the *Interim Administrative Rules for the RMB Cross-border Payment Management Information System* (PBOC Document [2010] No.79).

On March 19, the PBOC and the GAC signed the *Memorandum of Cooperation on the RMB Settlement of Cross-border Trade Transactions.*

On March 24, the PBOC and the National Bank of the Republic of Belarus signed a bilateral local currency settlement arrangement.

On June 9, the PBOC and the Central Bank of Iceland signed a bilateral local currency swap agreement of RMB 3.5 billion yuan/ISK 66 billion.

On June 17, the PBOC, MOF, MOFCOM, GAC, SAT and CBRC jointly issued the *Notice on Expanding the Pilot Program of RMB Settlement of Cross-border Trade Transactions,* to expand the scope of the pilot program (PBOC Document [2010] No.186).

On July 19, the PBOC and the Hong Kong Monetary Authority signed the *Supplementary Memorandum IV* of Co-operation on the Pilot Program of RMB Settlement of Cross-border Trade Transactions. The PBOC and BOC (Hong Kong) Ltd. signed the revised *RMB Clearing Agreement.*

On July 23, the PBOC and the Monetary Authority of Singapore signed a bilateral local currency swap agreement of RMB 150 billion yuan/SGD 30 billion.

On August 17, the PBOC issued the *Notice Concerning the Pilot Program on Investment in the Interbank Bond Market with RMB Funds by Three Types of Institutions Including Overseas RMB Clearing Banks* (PBOC Document [2010] No.217).

On August 19, with the authorization of the PBOC, China Foreign Exchange Trade System (CFETS) announced that it would improve the trading mode of RMB against Malaysian ringgit and launch direct trading between the two currencies in the interbank foreign-exchange market.

On August 31, the PBOC issued the *Administrative Rules for RMB Bank Settlement Accounts of Overseas Institutions* (PBOC Document [2010] No.249).

On November 22, with the authorization of the PBOC, China Foreign Exchange Trade System (CFETS) announced that it would improve the trading mode of yuan against Russian ruble and launch direct trading between the two currencies in interbank foreign-exchange market.

2011

On January 6, the PBOC issued the *Administrative Rules for the Pilot Program of Settlement for RMB-denominated Outward Direct Investment* (PBOC Public Announcement [2011] No.1), allowing banking institutions and enterprises in the pilot areas to conduct the RMB settlement of foreign direct investment transactions, and banking institutions to grant loans to overseas projects based on relative regulations.

On April 18, the PBOC and the Reserve Bank of New Zealand signed a bilateral local currency swap agreement of RMB 25 billion yuan/NZD 5 billion.

On April 19, the PBOC and the Central Bank of Republic of Uzbekistan signed a bilateral local currency swap agreement of RMB 700 million yuan/UZS 167 billion.

On May 6, the PBOC and the Bank of Mongolia signed a bilateral local currency swap agreement of RMB 5 billion yuan/MNT 1 trillion.

On June 3, the PBOC issued the *Notice on Specifying the Issues Relating to Cross-border RMB Business* (PBOC Document [2011] No.145).

On June 9, fudian Bank of Kunming and the Public Bank of Laos jointly launched the over-the-counter trading between RMB and LAK.

On June 13, the PBOC and the National Bank of Kazakhstan signed a bilateral local currency swap agreement of RMB 7 billion yuan/KZT 150 billion.

On June 23, the PBOC and the Central Bank of Russian Federation renewed the agreement on Payment and Settlement, which extended the coverage of local currency settlement from transactions in the border areas to general trade transactions between the two countries.

On June 28, ICBC Guangxi Branch launched the trading of RMB against Vietnamese Dong, while BOC Xinjiang Branch launched the trading of RMB against Kazakhstan Tenge on the same day.

On June 30, Bank of Communications Qingdao Branch and Industrial Bank of Korea Qingdao Branch launched the over-the-counter (OTC) trading of RMB against Korea won.

On July 27, the PBOC, MOF, MOFCOM, GAC, SAT and CBRC jointly issued the *Circular on Geographical Expansion of the RMB Settlement of Cross-border Trade Transactions* (PBOC Document [2011] No.203). It expanded the program to the entire mainland China.

On October 13, the PBOC issued the *Administrative Rules on Settlement of RMB-denominated Foreign Direct Investment* (PBOC Public Announcement [2011] No.23).

On October 24, the PBOC issued the *Guidelines on RMB Loans of Domestic Banking Institutions for Overseas Projects* (PBOC Document [2011] No.255).

On October 26, the PBOC and the Bank of Korea renewed the bilateral local currency swap arrangement, increasing its size from RMB 180 billion yuan/KRW 38 trillion to RMB 360 billion yuan/KRW 64 trillion.

On November 4, according to the principles and standards for RMB clearing bank in

Hong Kong SAR of China set by PBOC Public Announcement [2003] No.16, the PBOC authorized BOC (Hong Kong) Ltd. to resume the role of the RMB clearing bank in Hong Kong SAR of China (PBOC Public Announcement [2011] No.25).

On November 22, the PBOC and Hong Kong Monetary Authority renewed the bilateral local currency swap agreement, increasing its size from RMB 200 billion yuan/HKD 227 billion to RMB 400 billion yuan/HKD 490 billion.

On December 16, the CSRC, PBOC and SAFE jointly issued the *Measures on the Pilot Program for RQFII-licensed Fund Management Companies and Securities Companies' Domestic Securities Investments* (CSRC Decree No.76).

On December 22, the PBOC and the Bank of Thailand signed a bilateral local currency swap agreement of RMB 70 billion yuan/THB 320 billion.

On December 23, the PBOC and the State Bank of Pakistan signed a bilateral local currency swap agreement of RMB 10 billion yuan/PKR 140 billion.

On December 29, the direct trading of RMB against THB in the local interbank foreign-exchange market was launched in Yunnan Province, which was the first case of direct trading of RMB against regional currencies.

On December 31, the PBOC issued the *Notice on the Implementation of the Measures for the Pilot Program Allowing Fund Management Companies and Securities Companies Approved as RMB Qualified Foreign Institutional Investors (RQFII) to Invest in the Domestic Securities Market* (PBOC Document [2011] No.321).

2012

On January 17, the PBOC and the Central Bank of the United Arab Emirates signed a bilateral local currency swap agreement of RMB 35 billion yuan/AED 20 billion.

On February 6, the PBOC, MOF, MOFCOM, GAC, SAT and CBRC jointly issued the *Notice on Issues Concerning RMB Settlement of Goods Export by Domestic Enterprises* (PBOC

Document [2012] No.23).

On February 8, the PBOC and the Bank Negara Malaysia renewed the bilateral local currency swap agreement, increasing its size from RMB 80 billion yuan/MYR 40 billion to RMB 180 billion yuan/MYR 90 billion.

On February 21, the PBOC and the Central Bank of the Republic of Turkey signed a bilateral currency swap agreement of RMB 10 billion/TRY 3 billion.

On March 20, the PBOC and the Bank of Mongolia signed a supplemental bilateral local currency swap agreement, increasing its size from RMB 5 billion yuan/MNT 1 trillion to RMB 10 billion yuan/MNT 2 trillion.

On March 22, the PBOC and the Reserve Bank of Australia signed a bilateral local currency swap agreement of RMB 200 billion yuan/AUD 30 billion.

On April 3, with the approval of the State Council, the RQFII quota for Hong Kong SAR of China was increased by RMB 50 billion yuan.

On June 1, with the authorization of the PBOC, the China Foreign Exchange Trade System (CFETS) announced that it would improve the trading mode between RMB against JPY and launch the direct trading between the two currencies in the Chinese interbank foreign-exchange market.

On June 26, the PBOC and the National Bank of Ukraine signed a bilateral local currency swap agreement of RMB 15 billion yuan/UAH 19 billion.

On June 29, the PBOC issued the *Circular of Specifying the Operational Rules for RMB Settlement in Foreign Direct Investments* (PBOC Document [2012] No.165).

On July 31, the PBOC issued the *Notice on the Issues Concerning the Opening and Using of RMB Settlement Account by Overseas Institutions* (PBOC Document [2012] No.183).

On August 31, the PBOC and the monetary authority of Taiwan Province of China signed the *Memorandum of Understanding on the Currency Clearing Cooperation across the Taiwan Straits*.

On September 24, the PBOC and BOC Macao Branch renewed the *RMB Clearing Agreement*.

On November 13, with the approval of the State Council, the pilot quota for RQFII in Hong Kong SAR of China was increased by RMB 200 billion yuan.

On December 11, the PBOC authorized BOC Taipei Branch to serve as the RMB clearing bank in Taiwan Province of China.

2013

On January 25, the PBOC and Taipei Branch of BOC signed the *RMB Clearing Agreement*.

On February 8, the PBOC authorized the Singapore Branch of ICBC to serve as the RMB clearing bank in Singapore, and the two parties signed the *RMB Clearing Agreement* in April.

On March 1, the CSRC, PBOC and SAFE jointly issued the *Measures on the Pilot Program of Securities Investment in China by RMB Qualified Foreign Institutional Investors* (CSRC Decree No.90).

On March 7, the PBOC and the Monetary Authority of Singapore renewed the bilateral local currency swap agreement of RMB 300 billion yuan/SGD 60 billion.

On March 13, the PBOC issued the *Notice on the Issues Regarding Investment in the Interbank Bond Market by Qualified Foreign Institutional Investors* (PBOC Document [2013] No.69).

On March 26, the PBOC and the Central Bank of Brazil signed a bilateral local currency swap agreement of RMB 190 billion yuan/BRL 60 billion.

On April 10, with the authorization of the PBOC, the China Foreign Exchange Trade System (CFETS) announced that it would improve the trading mode between RMB against Australian dollar and launch direct trading between the two currencies in the interbank foreign-exchange market.

On April 25, the PBOC issued the *Notice on the Issues Concerning the Implementation of the Measures for the Pilot Program of Securities Investment in China by RMB Qualified Foreign Institutional Investors* (PBOC Document [2013] No.105).

On June 21, the *Cross-Strait Service Trade Agreement* (the Agreement) was signed by both sides of the Taiwan Strait. According to the Agreement, Taiwan-funded financial institutions would be allowed to invest in Mainland capital market with an investment quota of RMB 100 billion yuan.

On June 22, the PBOC and the Bank of England signed a bilateral local currency swap agreement of RMB 200 billion yuan/GBP 20 billion.

On July 9, the PBOC issued the *Notice on Simplifying the Procedures for Cross-border RMB Services and Improving Relevant Policies* (PBOC Document [2013] No.168).

On August 23, the General Administration Department of the PBOC issued the *Notice on Improving the Information Reporting Procedures of the RMB Cross-border Payment Management Information System (RCPMIS)* (PBOC General Administration Department Document [2013]No.188).

On September 9, the PBOC and the Magyar Nemzeti Bank (Hungarian National Bank) signed a bilateral local currency swap agreement of RMB 10 billion yuan/HUF 375 billion .

On September 11, the PBOC and the Central Bank of Iceland renewed the bilateral local currency swap agreement of RMB 3.5 billion yuan/ISK 66 billion.

On September 12, the PBOC and the Bank of Albania signed a bilateral local currency swap agreement of RMB 2 billion yuan/ALL 35.8 billion.

On September 23, the PBOC issued the *Notice on the Issues Concerning the RMB Settlement for Investment in Domestic Financial Institutions by Overseas Investors* (PBOC Document [2013] No.225).

On October 1, the PBOC and Bank of Indonesia renewed the bilateral local currency swap agreement of RMB 100 billion yuan/IDR 175 trillion.

On October 8, the PBOC and the European Central Bank signed a bilateral local currency swap agreement of RMB 350 billion yuan/EUR 45 billion.

On October 15, at the 5th China-UK Economic and Financial Dialogues, China announced the RQFII program for UK with the quota of RMB 80 billion yuan.

On October 22, at the 10th meeting of the Sino-Singapore Joint Council for Bilateral Cooperation, China announced the RQFII program for Singapore with the quota of RMB 50 billion yuan.

On December 31, the PBOC released the *Notice on Adjusting the Administration of RMB Sales and Purchases* (PBOC Document [2013] No.321).

2014

On March 14, the PBOC, MOF, MOFCOM, GAC, SAT and CBRC jointly issued the *Notice on Simplifying the Procedures Concerning the RMB Settlement of Goods Export by Domestic Enterprises* (PBOC Document [2014] No.80).

On March 19, with the authorization of PBOC, the China Foreign Exchange Trade System (CFETS) announced that it would improve the trading mode between RMB and New Zealand dollar and launch direct exchange between the two currencies in the interbank foreign-exchange market.

On March 26, China and France jointly announced that China would extend its RQFII program to France with the quota of RMB 80 billion yuan.

On March 28, the PBOC and Deutsche Bundesbank signed the *Memorandum of Understanding* on establishing RMB clearing arrangements in Frankfurt.

On March 31, the PBOC and Bank of England signed the *Memorandum of Understanding* on establishing RMB clearing arrangements in London.

On April 25, the PBOC and Reserve Bank of New Zealand renewed the bilateral local currency swap agreement of RMB 25 billion yuan/NZD 5 billion.

On June 11, the PBOC issued the *Guidelines on Implementation of Opinions of the State Council General Office on Supporting the Stable Growth of Foreign Trade* (PBOC Document [2014] No.168).

On June 17, the PBOC authorized China Construction Bank (London) Ltd. to serve as the RMB clearing bank in London.

On June 18, the PBOC authorized the Frankfurt Branch of BOC to serve as the RMB clearing bank in Frankfurt.

On June 19, with the authorization of the PBOC, the China Foreign Exchange Trade System (CFETS) announced that it would improve the trading mode between RMB and GBP and launch direct exchange between the two currencies in the interbank foreign-exchange market.

On June 28, the PBOC and the central bank of France signed the *Memorandum of Understanding* on establishing RMB clearing arrangements in Paris. The PBOC and Central Bank of Luxembourg signed the *Memorandum of Understanding* on establishing RMB clearing arrangements in Luxembourg.

On July 3, the PBOC and Bank of Korea signed the Memorandum of Understanding on establishing RMB clearing arrangements in Seoul. China declared to grant the Republic of Korea an RQFII investment quota of RMB 80 billion yuan. On July 4, the PBOC authorized the Seoul Branch of Bank of Communications to serve as the RMB clearing bank in Seoul.

On July 7, during German Chancellor Merkel's visit to China, Premier Li Keqiang announced that China would extend its RQFII program to Germany, with the quota of RMB 80 billion yuan.

On July 18, the PBOC and the Central Bank of Argentina renewed the bilateral local currency swap agreement of RMB 70 billion yuan/ARS 90 billion.

On July 21, the PBOC and Swiss National Bank signed a bilateral local currency swap agreement of RMB 150 billion yuan/CHF 21 billion.

On August 21, the PBOC and Bank of Mongolia renewed the bilateral local currency swap agreement of RMB 15 billion yuan/MNT 4.5 trillion.

On September 5, the PBOC authorized the Paris Branch of BOC to serve as the RMB clearing bank in Paris, and the Luxembourg Branch of ICBC to serve as the RMB clearing bank in Luxembourg.

On September 16, the PBOC and the Central Bank of Sri Lanka signed a bilateral local currency swap agreement of RMB 10 billion yuan/LKR 225 billion.

On September 28, the PBOC issued the *Notice on Cross-border RMB Settlement of RMB-denominated Debt Financing Instruments issued by Overseas Institutions in China* (PBOC General Administration Document [2014] No.221).

On September 30, with the authorization of the PBOC, the China Foreign Exchange Trade System (CFETS) announced that it would improve the trading mode between RMB and Euro and launch direct trading between the two currencies on the interbank foreign-exchange market.

On October 11, the PBOC and Bank of Korea renewed the bilateral local currency swap agreement of RMB 360 billion yuan/KRW 64 trillion.

On October 13, the PBOC and the Central Bank of Russian Federation signed a bilateral local currency swap agreement of RMB 150 billion yuan/RUB 815 billion.

On November 1, the PBOC issued the *Notice Concerning Centralized Cross-border RMB Fund Operation Conducted by Multinational Corporations* (PBOC Document [2014] No.324).

On November 3, the PBOC and Qatar Central Bank signed the *Memorandum of Understanding* on establishing RMB clearing arrangements in Doha, and signed a bilateral local currency swap agreement of RMB 35 billion yuan/QAR 20.8 billion. China announced the RQFII program for Qatar with a quota of RMB 30 billion yuan.

On November 4, the PBOC authorized the Doha Branch of ICBC to serve as the RMB clearing bank in Doha.

On November 4, the PBOC and CSRC jointly issued the *Notice on the Pilot Program of the Shanghai-Hong Kong Stock Connecting Scheme* (PBOC Document [2014] No.336).

On November 5, the PBOC issued the *Notice on the Issues Concerning the Overseas Securities Investment by RMB Qualified Domestic Institutional Investors* (PBOC Document [2014] No.331).

On November 8, the PBOC and Bank of Canada signed the *Memorandum of Understanding* on establishing RMB clearing arrangements in Canada, and signed a bilateral local currency swap agreement of RMB 200 billion yuan/CAD 30 billion. China announced the RQFII program for Canada with a quota of RMB 50 billion yuan. On November 9, the PBOC authorized ICBC (Canada) Ltd. to serve as the RMB clearing bank in Toronto.

On November 10, the PBOC and Central Bank of Malaysia signed the *Memorandum of Understanding* on establishing the RMB clearing arrangements in Kuala Lumpur.

On November 17, the PBOC and Reserve Bank of Australia signed the *Memorandum of Understanding* on establishing RMB clearing arrangements in Australia. China declared to grant Australia an RQFII investment quota of RMB 50 billion yuan. On November 18, the PBOC authorized the Sydney Branch of BOC to serve as the RMB clearing bank in Sydney.

On November 22, the PBOC and Hong Kong Monetary Authority renewed the bilateral local currency swap agreement of RMB 400 billion yuan/HKD 505 billion.

On December 14, the PBOC and the National Bank of Kazakhstan renewed the bilateral local currency swap agreement of RMB 7 billion yuan/KZT 200 billion. On December 15, with the authorization of the PBOC, the China Foreign Exchange Trade System (CFETS) announced that it would launch direct trading between RMB and KZT in the local interbank foreign-exchange market.

On December 22, the PBOC and Bank of Thailand signed the *Memorandum of Understanding* on establishing RMB clearing arrangements in Thailand. PBOC and Bank of Thailand renewed the bilateral local currency swap agreement of RMB 70 billion yuan/THB 370 billion.

On December 23, the PBOC and State Bank of Pakistan renewed the bilateral local currency swap agreement of RMB 10 billion yuan/PKR 165 billion.

2015

On January 5, the PBOC authorized BOC (Malaysia) Ltd. and ICBC (Thailand) Ltd. to serve as the RMB clearing bank in Kuala Lumpur and Bangkok respectively.

On January 21, the PBOC and Swiss National Bank signed the Memorandum of Understanding on establishing RMB clearing arrangements in Switzerland, granting Switzerland an RQFII investment quota of RMB 50 billion yuan.

On March 18, the PBOC and the Central Bank of Suriname signed a bilateral local currency swap agreement of RMB 1 billion yuan/SRD 520 million.

On March 25, the PBOC and the Central Bank of Armenia signed a bilateral local currency swap agreement of RMB 1 billion yuan/AMD 77 billion.

On March 30, the PBOC and the Reserve Bank of Australia renewed the bilateral local currency swap agreement of RMB 200 billion yuan/AUD 40 billion.

On April 10, the PBOC and the South African Reserve Bank signed a bilateral local currency swap agreement of RMB 30 billion yuan/ZAR 54 billion.

On April 17, the PBOC and the Bank Negara Malaysia renewed the bilateral local currency swap agreement of RMB 180 billion yuan/MYR 90 billion.

On April 29, the pilot area of RQFII was expanded to Luxembourg with an investment quota of RMB 50 billion yuan.

On May 10, the PBOC and the National Bank of the Republic of Belarus renewed the bilateral local currency swap agreement of RMB 7 billion yuan/ BYR 16 trillion.

On May 15, the PBOC and the National Bank of Ukraine renewed the bilateral local currency swap agreement of RMB 15 billion yuan/UAH 54 billion.

On May 25, the PBOC and the Central Bank of Chile signed a Memorandum of Understanding on establishing RMB clearing arrangements in Chile and a bilateral local currency swap agreement of RMB 22 billion yuan/CLP 2.2 trillion. China declared to grant Chile an RQFII investment quota of RMB 50 billion yuan. On the same day, the PBOC authorized the China Construction Bank's Chile Branch to serve as the RMB clearing bank in Chile.

On June 1, the PBOC issued the *Notice of the People's Bank of China on Issues Concerning the Repo Operation of Foreign RMB Clearing Banks and Foreign RMB Participant Banks in the Interbank bond Market* (PBOC Document [2015] No.170).

On June 11, the PBOC released *RMB Internationalization Report* (2015).

*On June 27,*the PBOC and the Central Bank of Hungary signed the *Memorandum of Understanding* on establishing RMB clearing arrangements in Hungary and the *Agency Agreement of Investment for the PBOC to Manage the MNB's Investment in China Interbank Bond Market*. On the same day, the two parties also agreed to include Hungary in the pilot RQFII program with an investment quota of RMB 50 billion yuan. On June 28, the PBOC authorized Hungary branch of BOC to serve as the RMB clearing bank in

Hungary.

On July 7, the PBOC and the South African Reserve Bank signed the *Memorandum of Understanding* on establishing RMB clearing arrangements in South Africa.

On July 8, the PBOC authorized the Johannesburg Branch of BOC to serve as the RMB clearing bank in South Africa.

On July 14, the PBOC issued the *Notice of the People's bank of China on Issues Concerning Investment of Foreign Central Banks, International Financial Institutions and Sovereign Wealth Funds with RMB Funds in the Interbank Market* (PBOC Document [2015] No.220).The regulation simplified the procedures of foreign central banks, international financial institutions and sovereign wealth funds' access to the interbank market and the investment quota limit on these entities was removed. These entities could freely choose the PBOC or settlement agent of the interbank market to serve as their agents for trading and settlement and more instruments were available for them to invest.

On July 24, the PBOC released an announcement on *Issues Concerning RMB Cross-border Settlement of Crude Oil Futures Trading on Onshore Market* (PBOC Public Announcement [2015] No.19). It regarded RMB as the invoicing and settlement currency for domestic crude oil futures, overseas traders and brokers were allowed to participate in Chinese crude oil futures trading.

On August 11, the PBOC released a statement on *Improving the Quotation Mechanism of Central Parity between the RMB against the USD*. Since August 11, 2015, before the opening quotation of the Interbank foreign-exchange market, market makers make offers to China Foreign Exchange Trading Center referencing the closing exchange rate in the Interbank foreign-exchange market on the previous day, the condition of foreign exchange supply and demand along with changes in the exchange rate of major international currencies comprehensively.

On September 3, the PBOC and the National Bank of Tajikistan signed a bilateral local currency swap agreement of RMB 3 billion yuan/Somoni 3 billion.

On September 7, the PBOC issued the *Notice on Further Facilitating Multinational Conglomerates in Conducting Two-way Cross-border RMB Cash Pooling Business* (PBOC Document [2015] No.279).

On September 17, the PBOC and the Central Bank of Argentina signed the *Memorandum of Understanding* on establishing RMB clearing arrangements in Argentina.

On September 18, the PBOC authorized ICBC (Argentina) Ltd. to serve as the RMB clearing bank in Argentina.

On September 21, the PBOC approved HSBC (Hong Kong and Shanghai Banking Corporation) and BOC (Hong Kong) Ltd. to issue financial bonds in the interbank bond market. This was the first time that the international commercial banks were permitted to issue RMB-denominated bonds in interbank bond market.

On September 26, the PBOC and the Central Bank of the Republic of Turkey renewed the bilateral local currency swap agreement of RMB 12 billion yuan/Lira 5 billion.

On September 27, the PBOC and the National Bank of Georgia signed the bilateral local currency swap framework agreement.

On September 29, the PBOC and the Central Bank of Zambia signed the *Memorandum of Understanding* on establishing RMB clearing arrangements in Zambia. On September 30, The PBOC authorized the Bank of China (Zambia) Limited to serve as the RMB clearing bank in Zambia.

On September 29, the PBOC and the National Bank of the Kyrgyz Republic signed an agreement of intention on strengthening cooperation.

On September 30, the PBOC released the PBOC Public Announcement [2015] No.31. Foreign central banks (monetary authorities), other official reserve management organizations, international financial institutions and sovereign wealth fund were allowed to trade in the Chinese interbank foreign-exchange market.

On October 8, the CIPS (Phase one) was launched successfully.

On October 20, the PBOC issued RMB 5 billion yuan of 1-year central bank bills in London in way of book-building, with a 3.1% coupon rate. This was the first time for PBOC issuing RMB-denominated central bank bills outside mainland China.

On October 20, the PBOC and the Bank of England renewed the bilateral local currency swap agreement of RMB 350 billion yuan/GBP 35 billion.

On November 2, the General Administration Department of the PBOC issued the *Notice on Foreign Central Bank-Type Institutions to open the RMB Settlement Account in Domestic Banking Financial Institutions* (PBOC General Administration Department Document [2015] No.227). It facilitated foreign central banks (monetary authorities), other official reserve management organizations, international financial institutions, and sovereign wealth funds to conduct relative business onshore.

On November 6, the PBOC and SAFE released the *Operational Guideline for Funds Management in Cross-border Issuance and Sales of Mainland and Hong Kong Securities Investment Funds* (The PBOC SAFE Public Announcement [2015] No.36).

On November 9, the PBOC authorized the CFETS to conduct direct trading between RMB and Swiss franc in the interbank foreign-exchange market.

On November 18, China-Europe International Exchange Co., Ltd. held its establishment ceremony, and launched the first batch of RMB-denominated spot security products.

On November 23, the pilot program of RQFII was extended to Malaysia with an investment quota of RMB 50 billion yuan.

On November 25, the first batch of foreign central banks finished filing with CFETS and accessed the Chinese interbank foreign-exchange market.

On November 27, NAFMII accepted the registration of the Province of British Columbia of Canada to issue RMB 6 billion yuan RMB-denominated sovereign bonds in the

Chinese interbank bond market.

On November 30, the Executive Board of IMF decided to include RMB into the currency basket of the SDR as a fifth currency along with the U.S. dollar, the euro, the Japanese yen, and the British pound. The weight of the RMB in the SDR basket is 10.92%. The new basket would become effective on October 1, 2016. On the same day, the PBOC authorized the Zurich branch of CCB to serve as the RMB clearing bank in Swiss.

On December 7, NAFMII accepted the registration of the Republic of Korea to issue RMB 3 billion yuan RMB-denominated sovereign bonds on the Chinese Interbank bond market.

On December 14, the PBOC and the Central Bank of United Arab Emirates signed a bilateral local currency swap agreement of RMB 35 billion yuan/UAE Diram 20 billion. On the same day, the two parties signed the *Memorandum of Understanding* on establishing RMB clearing arrangements in UAE. The PBOC agreed to expand the pilot program of RQFII to UAE, with an investment quota of RMB 50 billion yuan.

On December 17, the pilot program of RQFII was expanded to Thailand, with an investment quota of RMB 50 billion yuan.

2016

On January 20, the General Administration Department of the PBOC issued the *Notice on usage of funds on Overseas Institutions' RMB Bank Settlement Accounts* (PBOC General Administration Department Document [2016] No.15).

On January 22, the PBOC issued the Notice on Expanding the *Pilot Program of Cross-border Financing Macroprudential Management* (PBOC Document [2016] No.18).

On February 24, the PBOC released an announcement on *Issues Regarding Investment in the interbank Bond Market by Overseas Institutional Investors* (PBOC Public Announcement [2016] No.3).

On March 7, the PBOC and the Monetary Authority of Singapore renewed the bilateral local currency swap agreement of RMB 300 billion yuan/SGD 64 billion, and the period of validity is 3 years.

On April 29, the PBOC issued the *Notice on Implementing Nationally the Macroprudential Management of Cross-border Financing* (PBOC Document [2016] No.132).

On May 11, the PBOC and the Bank AI-Maghrib signed a bilateral local currency swap agreement of RMB 10 billion yuan/MAD 15 billion.

On June 7, the PBOC and the Federal Reserve Board signed the Memorandum of Understanding on establishing RMB clearing arrangements in the United States. China declared to grant the U.S. an RQFII investment quota of RMB 250 billion yuan.

On June 17, the PBOC and the Central Bank of the Republic of Serbia signed a bilateral local currency swap agreement of RMB 1.5 billion yuan/RSD 27 billion, and the period of validity is 3 years.

On June 20, with the authorization of the PBOC, the China Foreign Exchange Trade System (CFETS) announced that it would improve the trading mode between RMB and South African Rand and launch direct trading between the two currencies on the interbank foreign-exchange market.

On June 25, the PBOC and the Central Bank of the Russian Federation signed the Memorandum of Understanding on establishing RMB clearing arrangements in the Russian Federation.

On June 27, with the authorization of the PBOC, the China Foreign Exchange Trade System (CFETS) announced that it would improve the trading mode between RMB and South-Korean Won and launch direct trading between the two currencies on the interbank foreign-exchange market.

On July 11, the Bank of China (Hong Kong) linked to CIPS as a direct participant, becoming the first overseas direct participant. On the same day, the China Citic Bank,

Bank of Shanghai, China Guangfa Bank, Bank of Jiangsu, Bank of Tokyo-Mitsubishi UFJ (China), Mizuho Bank (China), Hang Seng Bank (China) linked to CIPS as direct participants. The number of direct participants of CIPS has increased to 27.

On August 10, the General Administration Department of the PBOC issued *the Reply Letter on Issues Concerning the Republic of Poland Issues RMB-denominated Bonds of RMB on the Interbank Bond Market,* approved the Republic of Poland's application on issuing RMB-denominated bonds on the inter-bank bond market (PBOC General Administration Department Letter [2016] No.378).

On August 30, the PBOC and SAFE issued *the Notice on Issues Concerning the Domestic Security Investment and Management by Renminbi Qualified Foreign Institutional Investors* (PBOC Document [2016] No.227).

On September 12, the PBOC and the Central Bank of Hungary renewed the bilateral local currency swap agreement of RMB 10 billion yuan/ HUF 416 billion, and the period of validity is 3 years.

On September 20, the PBOC issued an announcement, which authorized the Bank of China (New York) Limited to serve as the RMB clearing bank in America (PBOC Public Announcement [2016] No.23).

On September 23, the PBOC issued an announcement, which authorized the Industrial and Commercial Bank of China (Moscow) Limited to serve as the RMB clearing bank in Russia (PBOC Public Announcement [2016] No.24).

On September 26, the PBOC authorized the CFETS to conduct direct trading between RMB and Saudi Riyal in the interbank foreign-exchange market.

On September 26, the PBOC authorized the CFETS to conduct direct trading between RMB and UAE Dirham in the interbank foreign-exchange market.

On September 27, the PBOC and the European Central Bank signed a supplemental agreement, which extending the validity of bilateral local currency swap agreement for 3 years to Oct. 8, 2019. The size remains RMB 350 billion yuan/EUR 45 billion.

On November 4, the PBOC and CSRC issued *the Notice on the Program of the Shanghai, Shenzhen and Hong Kong Stock Connect Scheme* (PBOC Document [2016] No.282).

On November 14, with the authorization of the PBOC, CFETS announced that it would improve the trading mode between RMB and Canadian Dollar and launch direct trading between the two currencies in the interbank foreign-exchange market.

On November 29, the PBOC issued the *Notice on Further Clarifying Relevant Issues Concerning the Overseas Renminbi Lending Business of Domestic Enterprises* (PBOC Document [2016] No.306).

On December 6, the PBOC and the Central Bank of Egypt signed a bilateral local currency swap agreement of RMB 18 billion yuan/EGP 47 billion, the period of validity is 3 years.

On December 9, the PBOC issued an announcement, which authorized the Agricultural Bank of China (Dubai) Limited to serve as the RMB clearing bank in United Arab Emirates (PBOC Public Announcement [2016] No.30).

On December 12, the PBOC authorized the CFETS to conduct direct trading between RMB and Mexican Peso in the interbank foreign-exchange market.

On December 12, the PBOC authorized the CFETS to conduct direct trading between RMB and Turkish Lira in the interbank foreign-exchange market.

On December 12, the PBOC authorized the CFETS to conduct direct trading between RMB and Polish Zloty in the interbank foreign-exchange market.

On December 12, the PBOC authorized the CFETS to conduct direct trading between RMB and Danish Krone in the interbank foreign-exchange market.

On December 12, the PBOC authorized the CFETS to conduct direct trading between

RMB and Hungary Forint in the interbank foreign-exchange market.

On December 12, the PBOC authorized the CFETS to conduct direct trading between RMB and Norwegian Krone in the interbank foreign-exchange market.

On December 12, the PBOC authorized the CFETS to conduct direct trading between RMB and Swedish Krone in the interbank foreign-exchange market.

On December 21, the PBOC and the Central Bank of Iceland renewed the bilateral local currency swap agreement of RMB 3.5 billion yuan/ISK 66 billion, and the period of validity is 3 years.

On December 26, the General Administration Department of the PBOC issued *the Notice on Cross-border Renminbi Settlement of Renminbi-denominated Debt Financing Instruments issued by Overseas Institutions in China* (PBOC General Administration Department Document [2016] No.258).

2017

On January 13, the PBOC issued the *Notice on Issues Concerning the Macroprudential Management of Overall Cross-Border Financing* (PBOC Document [2017] No.9).

On March 20, the PBOC and Bank of China New York Branch signed *the RMB Clearing Agreement.*

On March 20, the PBOC and Industrial and Commercial Bank of China (Moscow) Limited signed *the RMB Clearing Agreement.*

On March 20, the PBOC and Agricultural Bank of China Dubai Branch signed *the RMB Clearing Agreement.*

On May 19, the PBOC and the Reserve Bank of New Zealand renewed the bilateral local currency swap agreement of RMB 25 billion yuan/NZD 5 billion, and the period of validity is 3 years.

On May 23, the PBOC issued *the Notice on Issuing the Regulation Related on RMB Cross-border Payment Management Information System (RCPMIS)* (PBOC Document [2017] No.126).

On May 27, the General Administration Department of the PBOC issued *the Notice on Improving the Interbank Transaction Information Reporting Procedures of the Renminbi Cross-border Payment Management Information System* (PBOC General Administration Department Document [2017] No.118).

On June 29, the PBOC and Bank of China (Hong Kong) Limited renewed *the RMB Clearing Agreement.*

On July 4, with the approval of the State Council, the quota of Hong Kong SAR of China's RQFII will be expanded to RMB 500 billion yuan.

On July 6, the PBOC and the Bank of Mongolia renewed the bilateral local currency swap agreement of RMB 15 billion yuan/MNT 5.4 trillion, and the period of validity is 3 years.

On July 18, the PBOC and the Central Bank of Argentina renewed the bilateral local currency swap agreement of RMB 70 billion/ARS 175 billion, and the period of validity is 3 years.

On July 21, the PBOC and the Swiss National Bank renewed the bilateral local currency swap agreement of RMB 150 billion yuan/CHF 21 billion, and the period of validity is 3 years.

On August 11, with the authorization of the PBOC, the China Foreign Exchange Trade System (CFETS) may conduct direct trading between RMB and Mongolia MNT in the interbank foreign-exchange market.

On September 13, with the authorization of the PBOC, the China Foreign Exchange Trade System (CFETS) may conduct direct trading between RMB and Cambodia KHR in the interbank foreign-exchange market.

On September 21, the PBOC and Bank of China Macao branch renewed the RMB Clearing Agreement.

On October 11, the PBOC and the Bank of Korea renewed the bilateral local currency swap agreement of RMB 360 billion/KRW 64 trillion, and the period of validity is 3 years.

On November 2, the PBOC and the Qatar Central Bank renewed the bilateral local currency swap agreement of RMB 35 billion/QAR 20.8 billion, and the period of validity is 3 years.

*On November 8,*the PBOC and the Bank of Canada renewed the bilateral local currency swap agreement of RMB 200 billion/CAD 30 billion, and the period of validity is 3 years.

On November 22, the PBOC and the Hong Kong Monetary Authority renewed the bilateral local currency swap agreement of RMB 400 billion/HKD 470 billion, and the period of validity is 3 years.

On November 22, the PBOC and the Central Bank of Russian Federation renewed the bilateral local currency swap agreement of RMB 150 billion/RUB 1,325 billion, and the period of validity is 3 years.

On December 22, the PBOC and the Bank of Thailand renewed the bilateral local currency swap agreement of RMB 70 billion/THB 370 billion, and the period of validity is 3 years.

2018

On January 4, the PBOC and Taipei Branch of Bank of China renewed the RMB clearing agreement.

On January 5, the PBOC issued the *Notice on Further Improving Policies for Cross-border RMB Business to Facilitate Trade and Investment* (PBOC Document [2018] No.3), clarifying that all cross-border business allowed by law to be settled with foreign exchange could also be settled with RMB by enterprises.

On January 5, CFETS issued the *Notice on the Arrangements for Overseas Banks to Participate in Interbank FX Market Regional Trading,* allowing qualified overseas banks to participate in interbank FX market regional trading.

On February 9, the PBOC authorized the J.P. Morgan Chase & Co. to serve as the RMB clearing bank in USA.

On March 26, the RMB Cross-border Interbank Payment (CIPS) phase II was launched for pilot operation.

On March 26, the Crude Oil Futures Contract denominated in RMB was listed for trading on Shanghai International Energy Exchange.

On March 30, the PBOC and the Reserve Bank of Australia renewed the bilateral local currency swap agreement of RMB 200 billion yuan/AUD 40 billion.

On April 3, the PBOC and the Central Bank of Albania renewed the bilateral local currency swap agreement of RMB 2 billion yuan/ALL 34.2 billion.

On April 11, the PBOC and the South African Reserve Bank renewed the bilateral local currency swap agreement of RMB 30 billion yuan/ZAR 54 billion.

On April 20, to further regulate overseas security investment by RMB qualified domestic institutional investors, the General Administration Department of the PBOC issued the *Notice on Further Clarifying the Rules on Overseas Security Investment by RMB Qualified Domestic Institutional Investors* (PBOC General Administration Department Document [2018] No.81).

On April 27, the PBOC and the Central Bank of Nigeria signed a bilateral local currency swap agreement of RMB 15 billion yuan/NGN 720 billion.

On May 1, the daily quotas under both Shanghai-Hong Kong Stock Connect and Shenzhen-Hong Kong Stock Connect were expanded four times, in which the daily quota for each of the northbound trading links were adjusted to RMB 52 billion yuan from RMB 13 billion yuan, the daily quota for each of the southbound trading links were adjusted to RMB 42 billion yuan from RMB 10.5 billion yuan.

On May 2, CIPS phase II was fully launched, with eligible direct participants engaged online simultaneously.

On May 4, the foreign investors were formally introduced into domestic RMB-denominated iron ore futures trading in Dalian Commodity Exchange.

On May 9, the pilot area of RMB qualified foreign institutional investors expanded to Japan, with a quota of RMB 200 billion yuan.

On May 10, the PBOC and the National Bank of the Republic of Belarus renewed the bilateral local currency swap agreement of RMB 7 billion yuan/BYR 2.22 billion.

On May 16, in order to further improve cross-border capital flow, and advance the opening-up of China's financial market, the General Administration Department of the PBOC issued the *Notice on Further Perfecting the Management of Cross-border Capital Flow to Support the Opening-up in Financial Market* (PBOC General Administration Department Document [2018] No.96).

On May 23, the PBOC and the State Bank of Pakistan renewed the bilateral local currency swap agreement of RMB 20 billion yuan/PKR 351 billion.

On May 25, the PBOC and the Central Bank of Chile renewed the bilateral local currency swap agreement of RMB 22 billion yuan/CLP 2,200 billion.

On May 28, the PBOC and the National Bank of Kazakhstan renewed the bilateral local currency swap agreement of RMB 7 billion yuan/KZT 350 billion.

On June 1, the Chinese A-share was formally included in MSCI Emerging Markets

Index and Global Standard Index, which was conductive to attracting overseas investors to allocate assets on RMB share.

On June 11, in order to regulate the investment in domestic security market by RMB qualified foreign institutional investors, the PBOC and SAFE jointly issued the *Notice on the Rules of Domestic Security Investment by RMB Qualified Foreign Institutional Investors* (PBOC Document [2018] No.157).

On June 13, to perfect the management of RMB purchases and sales businesses, the PBOC issued the *Notice on Improving the Management of RMB Purchases and Sales Businesses* (PBOC Document [2018] No.159), expanding the scope of purchases and sales businesses to securities investment.

On August 20, the PBOC and the Bank Negara Malaysia renewed the bilateral local currency swap agreement of RMB 180 billion yuan/MYR 110 billion.

On September 3, CFETS formally introduced the Industrial and Commercial Bank of China (Almaty) and ICBC Standard Bank Plc. to participate in domestic interbank FX market for the regional trading of RMB against KZT, and extended trading hour for RMB against KZT regional trading from 10:30-16:30 to 10:30-19:00 (Beijing time, GMT+8).

On September 8, in order to promote the opening up of domestic interbank bond market, regulate foreign institutional bond issuance, and protect legitimate interests of bond market investors, the PBOC and MOF jointly issued the *Interim Rules for the Administration of Bond Issuances by Overseas Institutions on China's Interbank Bond Market* (PBOC, MOF Public Announcement [2018] No.16).

On September 20, the PBOC and Hong Kong Monetary Authority signed *the Memorandum of Cooperation on The Issuance of PBOC Bills through the Central Money Markets Unit.*

On October 13, the PBOC and the Bank of England renewed the bilateral local currency swap agreement of RMB 350 billion yuan/GBP 40 billion.

On October 22, the PBOC and the Bank of Japan signed the memorandum of understanding on the currency clearing cooperation across Japan. On October 26, the PBOC authorized Tokyo Branch of Bank of China to serve as the RMB clearing bank in Japan.

On October 26, the PBOC and the Bank of Japan signed a bilateral local currency swap agreement of RMB 200 billion yuan/JPY 3,400 billion.

On November 7, the PBOC issued RMB central bank bills by tender through bond bidding platform of the Hong Kong Monetary Authority's Central Money Markets Unit (CMU) for the first time.

On November 16, the PBOC and Bank Indonesia renewed bilateral local currency swap agreement of RMB 200 billion yuan/IDR 440 trillion.

On November 20, the PBOC and the Central Bank of Philippine signed the memorandum of understanding on the currency clearing cooperation across the Philippines.

On November 30, Pure Terephthalic Acid (PTA) futures which denominated in RMB were formally introduced to overseas traders.

On December 10, the PBOC and the National Bank of Ukraine renewed the bilateral local currency swap agreement of RMB 15 billion yuan/UAH 62 billion.

2019

On January 31, Bloomberg formally confirmed that Chinese bonds would be added to the Bloomberg Barclays Global Aggregate Index starting from April 2019.

On February 11, the PBOC and the Centrale Bank van Suriname renewed the bilateral local currency swap agreement of RMB 1 billion yuan/ SRD 1.1 billion.

On February 28, the MSCI announced that it would significantly increase the weight of Chinese A-shares in the MSCI Indexes by raising the inclusion factor from 5% to 20%

in three steps.

On May 10, the PBOC and the Monetary Authority of Singapore renewed the bilateral local currency swap agreement of RMB 300 billion yuan/ SGD 61 billion.

On May 30, the PBOC and the Central Bank of the Republic of Turkey renewed the bilateral local currency swap agreement of RMB 12 billion yuan/TRY 10.9 billion.

On May 30, the PBOC issued an announcement, designating the MUFG Bank to serve as the RMB clearing bank in Japan (PBOC Public Announcement [2019] No.11).

On June 5, the pilot area of the RMB Qualified Foreign Institutional Investors (RQFII) expanded to the Netherlands, with a quota of RMB 50 billion yuan.

On August 23, the PBOC released the *2019 RMB Internationalization Report.*

On August 27, a symposium on the use of the RMB in neighboring countries and regions in 2019 was held in Harbin to study and deploy tasks related to further deepening and expanding the RMB cross-border use in neighboring countries and regions.

On September 10, the SAFE announced to remove limitations on investment quotas of the QFII and RQFII.

On September 12, the PBOC issued an announcement, designating the Manila Branch of Bank of China to serve as the RMB clearing bank in Philippines (PBOC Public Announcement [2019] No.18).

On October 8, the PBOC and the European Central Bank renewed the bilateral local currency swap agreement of RMB 350 billion yuan/ EUR 45 billion.

On October 15, the PBOC and SAFE jointly issued the *Notice on the Issues Regarding Further Facilitating Investment in the Interbank Bond Market by Foreign Institutional Investors* (PBOC Document [2019] No.240).

On December 5, the PBOC and the Monetary Authority of Macao SAR of China signed a bilateral local currency swap agreement of RMB 30 billion yuan/MOP 35 billion.

On December 10, the PBOC and the Central Bank of Hungary renewed the bilateral local currency swap agreement of RMB 20 billion yuan/ HUF 864 billion.

On December 18, the PBOC issued an announcement to further facilitate individual RMB cross-border remittances in Macao SAR of China (PBOC Public Announcement [2019] No.29).

On December 20, the PBOC held a symposium on the RMB internationalization.

On December 21, the professional committee on the cross-border RMB business of China Society for Finance and Banking was established.

2020

On January 6, the PBOC and the Bank of the Lao P.D.R signed a bilateral local currency cooperation agreement, allowing the direct use of local currency for settlement under all the opened current and capital accounts in both countries.

On January 31, the PBOC, MOF, CBIRC, CSRC and SAFE jointly issued *the Notice on Further Strengthening Financial Support for Prevention and Control of the Novel Coronavirus Pneumonia(NCP) Epidemic* (PBOC Document [2020] No.29), to simplify the procedures for the cross-border RMB business related to prevention and control of the epidemic, support the establishment of a "Green Channel" and effectively improve the efficiency of the cross-border RMB business.

On February 10, the PBOC and the Central Bank of Egypt renewed the bilateral local currency swap agreement of RMB 18 billion yuan/EGP 41 billion.

On March 11, the PBOC and SAFE issued *the Notice on Adjusting the Macroprudential Adjustment Parameter of Overall Cross-Border Financing* (PBOC Document [2020] No.64), raising the macroprudential adjustment coefficient of the overall cross-border financing from 1 to 1.25.

On May 7, the PBOC and SAFE jointly issued the *Regulations on Funds of Securities and Futures Investment by Foreign Institutional Investors* (PBOC, SAFE Public Announcement [2020] No.2).

On May 20, the PBOC and the Bank of the Lao P.D.R signed a bilateral local currency swap agreement of RMB 6 billion yuan/LAK 7.6 trillion.

On July 31, the PBOC and the National Bank of Pakistan signed a revised bilateral local currency swap agreement to expand the swap scale to RMB 30 billion yuan/PKR 720 billion.

On July 31, the PBOC and the Central Bank of Chile signed a revised bilateral local currency swap agreement to expand the swap scale to RMB 50 billion yuan/CLP 5.6 trillion.

On July 31, the PBOC and the Bank of Mongolia renewed the bilateral local currency swap agreement of RMB 15 billion yuan/MNT 6 trillion.

On August 6, the PBOC and the Central Bank of Argentina renewed the bilateral local currency swap agreement of RMB 70 billion yuan/ARS 730 billion, and signed a supplementary bilateral local currency swap agreement of RMB 60 billion yuan.

On August 22, the PBOC and the Reserve Bank of New Zealand renewed the bilateral local currency swap agreement of RMB 25 billion yuan (NZD swap scale is calculated at the spot exchange rate).

On September 17, the PBOC and the Central Bank of Hungary signed a supplementary bilateral local currency swap agreement of RMB 40 billion yuan.

On September 25, the CSRC, PBOC and SAFE jointly released *the Measures for the Administration of Domestic Securities and Futures Investment by Qualified Foreign Institutional Investors and RMB Qualified Foreign Institutional Investors* (CSRC, PBOC, and SAFE Decree No.176).

On September 30, the PBOC and the Bank of Indonesia signed *the Memorandum of Understanding on the Establishment of a Cooperative Framework for Facilitating Local Currency Settlement of Current Account Transactions and Direct Investment.*

On October 11, the PBOC and the Bank of Korea signed a bilateral local currency swap extension and revision agreement to expand the swap scale to RMB 400 billion yuan/KRW 70 trillion.

On October 19, the PBOC and the Central Bank of Iceland renewed the bilateral local currency swap agreement of RMB 3.5 billion yuan/ISK 70 billion.

On November 23, the PBOC and the Central Bank of Russian Federation renewed a bilateral local currency swap agreement of RMB 150 billion yuan/RUB 1.75 trillion.

On November 23, the PBOC and Hong Kong Monetary Authority signed a revised bilateral local currency swap agreement to expand the swap scale to RMB 500 billion yuan/HKD 590 billion.

On December 11, the PBOC and SAFE adjusted the macroprudential adjustment parameter for cross-border financing, lowering the macroprudential adjustment parameter for financial institutions from 1.25 to 1.

On December 22, the PBOC and Bank of Thailand renewed the bilateral local currency swap agreement of RMB 70 billion yuan/THB 370 billion.

2021

On January 4, the PBOC, NDRC, MOFCOM, SASAC, CBIRC, and SAFE jointly issued the *Notice on Further Optimizing Cross-border RMB Policies to Stabilize Foreign Trade and Foreign Investment* (PBOC Document [2021] No. 330).

On January 5, the PBOC and SAFE issued the *Notice on Adjusting the Macro-prudential*

Adjustment Coefficient of Overseas Renminbi Lending business of Domestic Enterprises, raising the macro-prudential adjustment coefficient for overseas lending by domestic companies from 0.3 to 0.5.

On January 6, the PBOC and Central Bank of Qatar renewed the bilateral local currency swap agreement of RMB 35 billion/QAR 20.8 billion.

On January 7, the PBOC and Bank of Canada renewed the bilateral local currency swap agreement of RMB 200 billion yuan (the swap amount of CAD was calculated at the spot exchange rate).

On January 7, the PBOC and SAFE issued the *Notice on Adjusting the Macro-prudential Adjustment Parameters of Cross-border Financing of Enterprises* (PBOC Document [2021] No. 5), lowering the macro-prudential adjustment parameter for cross-border financing of enterprises from 1.25 to 1.

On January 27, Bank of China (Hong Kong) Ltd. launched the market making mechanism for central-bank bill repos in Hong Kong SAR of China.

On March 1, the PBOC and the National Bank of Cambodia signed a bilateral local currency cooperation agreement, expanding the local currency settlement to all opened current and capital accounts in both countries.

On March 19, the PBOC and Central Bank of Sri Lanka renewed the bilateral local currency swap agreement of RMB 10 billion/LKR 300 billion.

On June 4, the PBOC and Central Bank of the Republic of Turkey signed a bilateral currency swap amendment agreement to expand the swap scale to RMB 35 billion/TRY 46 billion.

On June 9, the PBOC and Central Bank of Nigeria renewed a bilateral local currency swap agreement of RMB 15 billion/NGN 967 billion.

On July 6, the PBOC and Reserve Bank of Australia renewed the bilateral local currency swap agreement of RMB 200 billion/AUD 41 billion.

On July 12, the PBOC and Bank of Malaysia renewed the bilateral local currency swap agreement of RMB 180 billion/MYR 110 billion.

On July 13, the PBOC and State Bank of Pakistan renewed the bilateral local currency swap agreement of RMB 30 billion/PKR 730 billion.

On August 20, the PBOC and Central Bank of Chile renewed the bilateral local currency swap agreement of RMB 50 billion/CLP 6 trillion.

On September 6, the PBOC and Bank Indonesia formally launched the cooperation framework for Local Currency Settlement (LCS).

On September 10, Guangdong, Hong Kong, and Macao simultaneously promulgated *the Implementation Arrangements for Cross-boundary Wealth Management Connect Pilot Scheme in the Guangdong-Hong Kong-Macao Greater Bay Area.*

On September 13, the PBOC and Reserve Bank of South Africa renewed the bilateral local currency swap agreement of RMB 30 billion/ZAR 68 billion.

On September 15, the PBOC and HKMA issued a joint announcement to roll out Southbound Trading under mutual bond market access between Hong Kong and Mainland China. The PBOC issued the *Notice on Launching Southbound Trading under Mutual Bond Market Access between the Mainland and Hong Kong.*

On October 25, the PBOC and Bank of Japan renewed the bilateral local currency swap agreement of RMB 200 billion/JPY 3.4 trillion.

On October 29, FTSE Russell officially announced that Chinese government bonds were added to the FTSE World Government Bond Index (WGBI).

On November 12, the PBOC and Bank of England renewed the bilateral local currency swap agreement of RMB 350 billion/GBP 40 billion.

On December 10, the RMB Cross-border Payment and Receipt Management Information System II was put into trial operation.

On December 23, the PBOC and SAFE issued the *Notice on Issues Concerning Supporting New Forms of Offshore International Trade* to encourage banks to optimize financial services and provide cross-border settlements facilitation for honest and law-abiding enterprises to carry out authentic and compliant new offshore international trade.

2022

On January 21, the PBOC and Bank Indonesia renewed the bilateral local currency swap agreement of RMB 250 billion / IDR 550 trillion.

On January 29, the PBOC and the SAFE issued the *Notice on Overseas Lending by Banking Institutions* to further support and standardize domestic banks' overseas lending business.

On February 16, the PBOC and Bank of Albania renewed the bilateral local currency swap agreement of RMB 2 billion / ALL 33 billion.

On May 11, the Executive Board of the IMF completed its quinquennial review of the SDR valuation and decided to raise the weight of the RMB from 10.92% to 12.28%. The ranking of the RMB remained third. The Executive Board decided that the new SDR currency basket would come into effect on August 1, 2022.

On May 26, the PBOC, together with the MOFCOM and the SAFE, issued *the Notice on Supporting Foreign Economic and Trade Enterprises to Enhance the Capability of Exchange Rate Risk Management*, to promote the cross border RMB usage, support foreign economic and trade enterprises to hedge the currency mismatch risks and encourage to increase the scale and proportion of cross-border RMB settlement under trade in goods.

On May 27, the PBOC, the CSRC, and the SAFE jointly issued *the Notice on the Issues Regarding Further Facilitating Investment in China's Bond Market by Overseas Institutional*

Investors (PBOC, SAFE Announcement [2022] No.4), coordinating efforts to promote the opening-up of the interbank and exchange bond markets.

On June 6, the PBOC and the Central Bank of the Republic of Türkiye renewed the bilateral local currency swap agreement of RMB 35 billion / TRY 85 billion.

On June 20, the PBOC issued the *Notice on Supporting Cross-border RMB Settlement for New Forms of Foreign Trade*, supporting banks and payment institutions to better serve the development of new forms of foreign trade.

On July 1, the PBOC and the HKMA signed a standing local currency swap agreement to expand the swap scale to RMB 800 billion / HKD 940 billion.

On July 4, the PBOC, the HKSFC, and the HKMA jointly announced to embark on the collaboration to develop mutual access between the Mainland and Hong Kong interest rate swap markets (Swap Connect), facilitating the participation of overseas investors in the domestic RMB interest rate swap market and supporting the construction of high-level financial opening-up.

On July 13, the PBOC and the MAS renewed the bilateral local currency swap agreement of RMB 300 billion / SGD 65 billion.

On July 18, the PBOC and the SAFE decided to roll out the second batch of the cash pooling pilot integrating the RMB and foreign currency management for multinational corporations in Shanghai, Guangdong, Shaanxi, Beijing, Zhejiang, Shenzhen, Qingdao, and Ningbo.

On September 7, the PBOC and the Bank of the Lao P.D.R signed a Memorandum of Understanding on establishing RMB clearing arrangements in Laos.

On September 20, the PBOC authorized the ICBC Vientiane Branch to serve as the RMB clearing bank in Laos.

On September 19, the PBOC signed the Memorandum of Understanding with the National Bank of the Republic of Kazakhstan on establishing RMB clearing arrangements in Kazakhstan. On September 23, the PBOC authorized the ICBC (Almaty) to serve as the RMB clearing bank in Kazakhstan.

On September 23, the PBOC renewed the RMB business clearing agreement with the Bank of China Macao Branch.

On October 8, the PBOC and the European Central Bank renewed the bilateral local currency swap agreement of RMB 350 billion / EUR 45 billion.

On October 25, the PBOC and the SAFE decided to raise the macroprudential adjustment parameter for cross-border financing of enterprises and financial institutions from 1 to 1.25, so as to further improve the unified macroprudential management of cross-border financing, expand the source of cross-border funds for enterprises and financial institutions, and guide them to optimize their liability structure.

On November 2, the PBOC signed the Memorandum of Understanding with the National Bank of Pakistan on establishing RMB clearing arrangements in Pakistan. On November 15, the PBOC authorized the ICBC Karachi Branch to serve as the RMB clearing bank in Pakistan.

On December 2, the PBOC, together with the SAFE, issued *the Notice on Matters Concerning the Proceeds Management for Yuan-Denominated Bonds Issued by Overseas Issuers in China,* which clarified the requirements of proceeds management for yuan-denominated bonds issued by overseas institutions in China, to facilitate overseas institutions' financing activities in China's bond market.

On December 5, the PBOC and the AMCM renewed the bilateral local currency swap agreement of RMB 30 billion / MOP 34 billion.

On December 10, the PBOC and the Central Bank of Hungary renewed the bilateral local currency swap agreement of RMB 40 billion / HUF 2.2 trillion.

2023

On January 11, the PBOC, together with the MOFCOM, issued *the Notice on Further Supporting Foreign Economic and Trade Enterprises in Expanding the Cross-border Use of the RMB to Facilitate Trade and Investment,* further facilitating the use of the RMB in cross-border trade and investment, and better meeting market needs of foreign economic and trade enterprises for transaction settlement, investment and financing, and risk management and so on.

On February 7, the PBOC and the Central Bank of Brazil signed the Memorandum of Understanding on establishing RMB clearing arrangements in Brazil. On February 21, the PBOC authorized ICBC(Brazil) to serve as the RMB clearing bank in Brazil.

On February 20, the PBOC and the Central Bank of Egypt renewed a bilateral local currency swap agreement of RMB 18 billion / EGP 80.7 billion.

On April 28, the PBOC issued the *Interim Measures for the Administration of Cooperation on the Mutual Access Between Chinese Mainland and Hong Kong Interest Rate Swap Markets* (The PBOC Public Announcement [2023] No.8).

On May 8, the PBOC, together with the SAFE, decided to launch pilot programs in Beijing, Guangdong, and Shenzhen to optimize and upgrade the policies on centralized operation and management of cross-border RMB and foreign currency funds for multinational corporations, giving them more freedom in their cross-border funds management.

On May 15, mutual access between the Mainland and Hong Kong interest rate swap market (Swap Connect) was officially launched.

On June 9, the PBOC and the Central Bank of Argentina renewed the bilateral local currency swap agreement of RMB 130 billion / ARS 4.5 trillion.

On July 12, the PBOC and the Bank of the Lao P.D.R renewed the bilateral local currency swap agreement of RMB 6 billion / LAK 15.8 trillion.

On July 20, to further improve the macroprudential management of cross-border financing, continue to expand enterprises' and financial institutions' funding sources, and guide them to optimize their asset-liability structure, the PBOC and the SAFE decided to raise the macroprudential adjustment parameter for cross-border financing for enterprises and financial institutions from 1.25 to 1.5.

On July 31, the PBOC and the Bank of Mongolia renewed the bilateral local currency swap agreement of RMB 15 billion / MNT 7.25 trillion.

On September 28, the PBOC, the NAFR, the CSRC, the SAFE, the HKMA, the HKSFC, and the AMCM decided to further enhance the Cross-boundary Wealth Management Connect Pilot Scheme, advance the financial market interconnectivity in the GBA in a prudent and orderly manner to support the development of the GBA.

Afterword

To further study the dynamics of RMB internationalization, since 2015, Macroprudential Policy Bureau of the PBOC (formerly Monetary Policy Department II) has organized personnel to compile and publish an annual bilingual report in Chinese and English on the development of RMB internationalization, for the reference of domestic and overseas market participants and researchers. The report covers the international use of the RMB, relevant policies and reform progress, status of major offshore RMB markets worldwide, and the prospects, etc., with various feature columns.

The *RMB Internationalization Report 2023* was compiled by Macroprudential Policy Bureau of the PBOC together with General Administration Department, Monetary Policy Department, Financial Market Department, Payment and Settlement Department, Currency Gold and Silver Bureau, Foreign Exchange Trading Center, as well as the staff of cross-border RMB offices from Tianjin Municipal Branch, Heilongjiang Provincial Branch, Fujian Provincial Branch, Hunan Provincial Branch and Sichuan Provincial Branch, Shaanxi Provincial Branch of the PBOC. It has also been supported by Bank of China, HSBC, CIPS Co., Ltd., Shanghai Futures Exchange, and China Financial Publishing House. Hereby, we sincerely thank all those who have supported the publication of this report.

There is room for improvement in the writing and translation of this report. We earnestly welcome comments and corrections.

The Editor

October 2023